U0022822

心一堂術數古籍珍本叢刊

書名：卜易指南（二種）
系列：心一堂術數古籍珍本叢刊　占筮類　第二輯　121
作者：【清】張孝宜
主編、責任編輯：陳劍聰
心一堂術數古籍珍本叢刊編校小組：陳劍聰　素聞　鄒偉才　虛白盧主

出版：心一堂有限公司
通訊地址：香港九龍旺角彌敦道六一〇號荷李活商業中心十八樓〇五—〇六室
深港讀者服務中心·中國深圳市羅湖區立新路六號羅湖商業大厦負一層〇〇八室
電話號碼：(852)67150840
網址：publish.sunyata.cc
電郵：sunyatabook@gmail.com
網店：http://book.sunyata.cc
淘寶店地址：https://shop210782774.taobao.com
微店地址：https://weidian.com/s/1212826297
臉書：https://www.facebook.com/sunyatabook
讀者論壇：http://bbs.sunyata.cc/

版次：二零一九年一月初版
平裝

定價：港幣　一百一十八元正
　　　新台幣　四百六十八元正

國際書號：ISBN 978-988-8582-29-7

版權所有　翻印必究

香港發行：香港聯合書刊物流有限公司
地址：香港新界大埔汀麗路36號中華商務印刷大厦3樓
電話號碼：(852)2150-2100
傳真號碼：(852)2407-3062
電郵：info@suplogistics.com.hk

台灣發行：秀威資訊科技股份有限公司
地址：台灣台北市內湖區瑞光路七十六巷六十五號一樓
電話號碼：+886-2-2796-3638
傳真號碼：+886-2-2796-1377
網絡書店：www.bodbooks.com.tw
台灣國家書店讀者服務中心：
地址：台灣台北市中山區松江路二〇九號一樓
電話號碼：+886-2-2518-0207
傳真號碼：+886-2-2518-0778
網絡書店：http://www.govbooks.com.tw

中國大陸發行　零售：深圳心一堂文化傳播有限公司
深圳地址：深圳市羅湖區立新路六號羅湖商業大厦負一層〇〇八室
電話號碼：(86)0755-82224934

心一堂微店二維碼

心一堂淘寶店二維碼

心一堂術數古籍 珍本 整理 叢刊 總序

術數定義

術數，大概可謂以「推算（推演）、預測人（個人、群體、國家等）、事、物、自然現象、時間、空間方位等規律及氣數，並或通過種種『方術』，從而達致趨吉避凶或某種特定目的」之知識體系和方法。

術數類別

我國術數的內容類別，歷代不盡相同，例如《漢書・藝文志》中載，漢代術數有六類：天文、曆譜、五行、蓍龜、雜占、形法。至清代《四庫全書》，術數類則有：數學、占候、相宅相墓、占卜、命書、相書、陰陽五行、雜技術等，其他如《後漢書・方術部》、《藝文類聚・方術部》、《太平御覽・方術部》等，對於術數的分類，皆有差異。古代多把天文、曆譜、及部分數學均歸入術數類，而民間流行亦視傳統醫學作為術數的一環；此外，有些術數與宗教中的方術亦往往難以分開。現代民間則常將各種術數歸納為五大類別：命、卜、相、醫、山，通稱「五術」。

本叢刊在《四庫全書》的分類基礎上，將術數分為九大類別：占筮、星命、相術、堪輿、選擇、三式、讖諱、理數（陰陽五行）、雜術（其他）。而未收天文、曆譜、算術、宗教方術、醫學。

術數思想與發展——從術到學，乃至合道

我國術數是由上古的占星、卜筮、形法等術發展下來的。其中卜筮之術，是歷經夏商周三代而通過「龜卜、蓍筮」得出卜（筮）辭的一種預測（吉凶成敗）術，之後歸納並結集成書，此即現傳之《易

經》。經過春秋戰國至秦漢之際，受到當時諸子百家的影響、儒家的推崇，遂有《易傳》等的出現，原本是卜筮術書的《易經》，被提升及解讀成有包涵「天地之道（理）」之學。因此，《易・繫辭傳》曰：「易與天地準，故能彌綸天地之道。」

漢代以後，易學中的陰陽學說，與五行、九宮、干支、氣運、災變、律曆、卦氣、讖緯、天人感應說等相結合，形成易學中象數系統。而其他原與《易經》本來沒有關係的術數，如占星、形法、選擇，亦漸漸以易理（象數學說）為依歸。《四庫全書・易類小序》云：「術數之興，多在秦漢以後。要其旨，不出乎陰陽五行，生剋制化。實皆《易》之支派，傳以雜說耳。」至此，術數可謂已由「術」發展成「學」。

及至宋代，術數理論與理學中的河圖洛書、太極圖、邵雍先天之學及皇極經世等學說給合，通過術數以演繹理學中「天地中有一太極，萬物中各有一太極」（《朱子語類》）的思想。術數理論不單已發展至十分成熟，而且也從其學理中衍生一些新的方法或理論，如《梅花易數》、《河洛理數》等。

在傳統上，術數功能往往不止於僅僅作為趨吉避凶的方術，及「能彌綸天地之道」的學問，亦有其「修心養性」的功能，「與道合一」（修道）的內涵。《素問・上古天真論》：「上古之人，其知道者，法於陰陽，和於術數。」數之意義，不單是外在的算數、歷數、氣數，而是與理學中同等的「道」、「理」——心性的功能，北宋理氣家邵雍對此多有發揮：「聖人之心，是亦數也」、「萬化萬事生乎心」、「心為太極」。《觀物外篇》：「先天之學，心法也。……蓋天地萬物之理，盡在其中矣，心一而不分，則能應萬物。」反過來說，宋代的術數理論，受到當時理學、佛道及宋易影響，認為心性本質上是等同天地之太極。天地萬物氣數規律，能通過內觀自心而有所感知，即是內心也已具備有術數的推演及預測、感知能力；相傳是邵雍所創之《梅花易數》，便是在這樣的背景下誕生。

《易・文言傳》已有「積善之家，必有餘慶；積不善之家，必有餘殃」之說，至漢代流行的災變說及讖緯說，我國數千年來都認為天災，異常天象（自然現象），皆與一國或一地的施政者失德有關；下至家族、個人之盛衰，也都與一族一人之德行修養有關。因此，我國術數中除了吉凶盛衰理數之外，人心的德行修養，也是趨吉避凶的一個關鍵因素。

術數與宗教、修道

在這種思想之下，我國術數不單只是附屬於巫術或宗教行為的方術，又往往是一種宗教的修煉手段──通過術數，以知陰陽，乃至合陰陽（道）。「其知道者，法於陰陽，和於術數。」例如，「奇門遁甲」術中，即分為「術奇門」與「法奇門」兩大類。「法奇門」中有大量道教中符籙、手印、存想、內煉的內容，是道教內丹外法的一種重要外法修煉體系。甚至在雷法一系的修煉上，亦大量應用了術數內容。此外，相術、堪輿術中也有修煉望氣（氣的形狀、顏色）的方法；堪輿家除了選擇陰陽宅之吉凶外，也有道教中選擇適合修道環境（法、財、侶、地中的地）的方法，以至通過堪輿術觀察天地山川陰陽之氣，亦成為領悟陰陽金丹大道的一途。

易學體系以外的術數與的少數民族的術數

我國術數中，也有不用或不全用易理作為其理論依據的，如揚雄的《太玄》、司馬光的《潛虛》。也有一些占卜法、雜術不屬於《易經》系統，不過對後世影響較少而已。

外來宗教及少數民族中也有不少雖受漢文化影響（如陰陽、五行、二十八宿等學說。）但仍自成系統的術數，如古代的西夏、突厥、吐魯番等占卜及星占術，藏族中有多種藏傳佛教占卜術、苯教占卜術、擇吉術、推命術、相術等；北方少數民族有薩滿教占卜術；不少少數民族如水族、白族、布朗族、佤族、彝族、苗族等，皆有占雞（卦）草卜、雞蛋卜等術，納西族的占星術、占卜術，彝族畢摩的推命術、占卜術……等等，都是屬於《易經》體系以外的術數。相對上，外國傳入的術數以及其理論，對我國術數影響更大。

曆法、推步術與外來術數的影響

我國的術數與曆法的關係非常緊密。早期的術數中，很多是利用星宿或星宿組合的位置（如某星在某州或某宮某度）付予某種吉凶意義，并據之以推演，例如歲星（木星）、月將（某月太陽所躔之宮次）等。不過，由於不同的古代曆法推步的誤差及歲差的問題，若干年後，其術數所用之星辰的位置，已與真實星辰的位置不一樣了；此如歲星（木星），早期的曆法及術數以十二年為一周期（以應地支），與木星真實周期十一點八六年，每幾十年便錯一宮。後來術家又設一「太歲」的假想星體來解決，是歲星運行的相反，週期亦剛好是十二年。而術數中的神煞，很多即是根據太歲的位置而定。又如六壬術中的「月將」，原是立春節氣後太陽躔娵訾之次而稱作「登明亥將」，至宋代，因歲差的關係，要到雨水節氣後太陽才躔娵訾之次，當時沈括提出了修正，但明清時六壬術中「月將」仍然沿用宋代沈括修正的起法沒有再修正。

由於以真實星象周期的推步術是非常繁複，而且古代星象推步術本身亦有不少誤差，大多數術數除依曆書保留了太陽（節氣）、太陰（月相）的簡單宮次計算外，漸漸形成根據干支、日月等的各自起例，以起出其他具有不同含義的眾多假想星象及神煞系統。唐宋以後，我國絕大部分術數都主要沿用這一系統，也出現了不少完全脫離真實星象的術數，如《子平術》、《紫微斗數》、《鐵版神數》等。後來就連一些利用真實星辰位置的術數，如《七政四餘術》及選擇法中的《天星選擇》，也已與假想星象及神煞混合而使用了。

隨着古代外國曆（推步）、術數的傳入，如唐代傳入的印度曆法及術數，元代傳入的回回曆等，其中我國占星術便吸收了印度占星術中羅睺星、計都星等而形成四餘星，又通過阿拉伯占星術而吸收了其中來自希臘、巴比倫占星術的黃道十二宮、四大（四元素）學說（地、水、火、風），並與我國傳統的二十八宿、五行說、神煞系統並存而形成《七政四餘術》。此外，一些術數中的北斗星名，不用我國傳統的星名：天樞、天璇、天璣、天權、玉衡、開陽、搖光，而是使用來自印度梵文所譯的：貪狼、巨門、祿存、文曲，廉貞、武曲、破軍等，此明顯是受到唐代從印度傳入的曆法及占星術所影響。如星命術中的《紫微斗數》及堪輿術中的《撼龍經》等文獻中，其星皆用印度譯名。及至清初《時憲曆》，置閏之法則改用西法「定氣」。清代以後的術數，又作過不少的調整。

此外，我國相術中的面相術、手相術，唐宋之際受印度相術影響頗大，至民國初年，又通過翻譯歐西、日本的相術書籍而大量吸收歐西相術的內容，形成了現代我國坊間流行的新式相術。

陰陽學——術數在古代、官方管理及外國的影響

術數在古代社會中一直扮演着一個非常重要的角色，影響層面不單只是某一階層、某一職業、某一年齡的人，而是上自帝王，下至普通百姓，從出生到死亡，不論是生活上的小事如洗髮、出行等，大事如建房、入伙、出兵等，從個人、家族以至國家，從天文、氣象、地理到人事、軍事，從民俗、學術到宗教，都離不開術數的應用。我國最晚在唐代開始，已把以上術數之學，稱作陰陽（學），行術數者稱陰陽人。（敦煌文書、斯四三二七唐《師師漫語話》：「以下說陰陽人謾語話」，此說法後來傳入日本，今日本人稱行術數者為「陰陽師」）。一直到了清末，欽天監中負責陰陽術數的官員中，以及民間術數之士，仍名陰陽生。

古代政府的中欽天監（司天監），除了負責天文、曆法、輿地之外，亦精通其他如星占、選擇、堪輿等術數，除在皇室人員及朝庭中應用外，也定期頒行日書、修定術數，使民間對於天文、日曆用事吉凶及使用其他術數時，有所依從。

我國古代政府對官方及民間陰陽學及陰陽官員，從其內容、人員的選拔、培訓、認證、考核、律法監管等，都有制度。至明清兩代，其制度更為完善、嚴格。

宋代官學之中，課程中已有陰陽學及其考試的內容。（宋徽宗崇寧三年〔一一零四年〕崇寧算學令：「諸學生習……並曆算、三式、天文書。」「諸試……三式即射覆及預占三日陰陽風雨。天文即預

定一月或一季分野災祥，並以依經備草合問為通。」

金代司天臺，從民間「草澤人」（即民間習術數人士）考試選拔：「其試之制，以《宣明曆》試推步，及《婚書》、《地理新書》試合婚、安葬，並《易》筮法，六壬課、三命、五星之術。」（《金史》卷五十一・志第三十二・選舉一）

元代為進一步加強官方陰陽學對民間的影響、管理、控制及培育，除沿襲宋代、金代在司天監掌管陰陽學及中央的官學陰陽學課程之外，更在地方上增設陰陽學課程（《元史・選舉志一》：「世祖至元二十八年夏六月始置諸路陰陽學。」）地方上也設陰陽學教授員，培育及管轄地方陰陽人。（《元史・選舉志一》：「（元仁宗）延祐初，令陰陽人依儒醫例，於路、府、州設教授員，凡陰陽人皆管轄之，而上屬於太史焉。」）自此，民間的陰陽術士（陰陽人），被納入官方的管轄之下。

至明清兩代，陰陽學制度更為完善。中央欽天監掌管陰陽學，明代地方縣設陰陽學正術，各州設陰陽學典術，各縣設陰陽學訓術。陰陽人從地方陰陽學肄業或被選拔出來後，再送到欽天監考試。（《大明會典》卷二二三：「凡天下府州縣舉到陰陽人堪任正術等官者，俱從吏部送（欽天監），考中，送回選用；不中者發回原籍為民，原保官吏治罪。」）清代大致沿用明制，凡陰陽術數之流，悉歸中央欽天監及地方陰陽官員管理、培訓、認證。至今尚有「紹興府陰陽印」、「東光縣陰陽學記」等明代銅印，及某某縣某某之清代陰陽執照等傳世。

清代欽天監漏刻科對官員要求甚為嚴格。《大清會典》「國子監」規定：「凡算學之教，設肄業生。滿洲十有二人，蒙古、漢軍各六人，於各旗官學內考取。漢十有二人，於舉人、貢監生童內考取。附學生二十四人，由欽天監選送。教以天文演算法諸書，五年學業有成，舉人引見以欽天監博士用，貢監生童以天文生補用。」學生在官學肄業、貢監生肄業或考得舉人後，經過了五年對天文、算法、陰陽學的學習，其中精通陰陽術數者，會送往漏刻科。而在欽天監供職的官員，《大清會典則例》「欽天監」規定：「本監官生三年考核一次，術業精通者，保題升用。不及者，停其升轉，再加學習。如能黽勉供職，即予開復。仍不及者，降職一等，再令學習三年，能習熟者，准予開復，仍不能者，黜退。」除定期考核以定其升用降職外，《大清律例》中對陰陽術士不準確的推斷（妄言禍福）是要治罪的。《大清律例・一七八・術七・妄言禍福》：「凡陰陽術士，不許於大小文武官員之家妄言禍福，違者杖一百。其依經推算星命卜課，不在禁限。」大小文武官員延請的陰陽術士，自然是以欽天監漏刻科官員或地方陰陽官員為主。

官方陰陽學制度也影響鄰國如朝鮮、日本、越南等地，一直到了民國時期，鄰國仍然沿用着我國的多種術數。而我國的漢族術數，在古代甚至影響遍及西夏、突厥、吐蕃、阿拉伯、印度、東南亞諸國。

術數研究

術數在我國古代社會雖然影響深遠，「是傳統中國理念中的一門科學，從傳統的陰陽、五行、九宮、八卦、河圖、洛書等觀念作大自然的研究。……傳統中國的天文學、數學、煉丹術等，要到上世紀中葉始受世界學者肯定。可是，術數還未受到應得的注意。術數在傳統中國科技史、思想史，文化史、社會史，甚至軍事史都有一定的影響。……更進一步了解術數，我們將更能了解中國歷史的全貌。」（何丙郁《術數、天文與醫學中國科技史的新視野》，香港城市大學中國文化中心。）

可是術數至今一直不受正統學界所重視，加上術家藏秘自珍，又揚言天機不可洩漏，「（術數）乃吾國科學與哲學融貫而成一種學說，數千年來傳衍嬗變，或隱或現，全賴一二有心人為之繼續維繫，賴以不絕，其中確有學術上研究之價值，非徒癡人說夢，荒誕不經之謂也。其所以至今不能在科學中成立一種地位者，實有數因。蓋古代士大夫階級目醫卜星相為九流之學，多恥道之；而發明諸大師又故為惝怳迷離之辭，以待後人探索；間有一二賢者有所發明，亦秘莫如深，既恐洩天地之秘，復恐譏為旁門左道，始終不肯公開研究，成立一有系統說明之書籍，貽之後世。故居今日而欲研究此種學術，實一極困難之事。」（民國徐樂吾《子平真詮評註》，方重審序）

現存的術數古籍，除極少數是唐、宋、元的版本外，絕大多數是明、清兩代的版本。其內容也主要是明、清兩代流行的術數，唐宋或以前的術數及其書籍，大部分均已失傳，只能從史料記載、出土文獻、敦煌遺書中稍窺一鱗半爪。

術數版本

坊間術數古籍版本，大多是晚清書坊之翻刻本及民國書賈之重排本，其中豕亥魚魯，或任意增刪，往往文意全非，以至不能卒讀。現今不論是術數愛好者，還是民俗、史學、社會、文化、版本等學術研究者，要想得一常見術數書籍的善本、原版，已經非常困難，更遑論如稿本、鈔本、孤本等珍稀版本。在文獻不足及缺乏善本的情況下，要想對術數的源流、理法、及其影響，作全面深入的研究，幾不可能。

有見及此，本叢刊編校小組經多年努力及多方協助，在海內外搜羅了二十世紀六十年代以前漢文為主的術數類善本、珍本、鈔本、孤本、稿本、批校本等數百種，精選出其中最佳版本，分別輯入兩個系列：

一、心一堂術數古籍珍本叢刊

二、心一堂術數古籍整理叢刊

前者以最新數碼（數位）技術清理、修復珍本原本的版面，更正明顯的錯訛，部分善本更以原色彩色精印，務求更勝原本。并以每百多種珍本、一百二十冊為一輯，分輯出版，以饗讀者。

後者延請、稿約有關專家、學者，以善本、珍本等作底本，參以其他版本，古籍進行審定、校勘、注釋，務求打造一最善版本，方便現代人閱讀、理解、研究等之用。

限於編校小組的水平，版本選擇及考證、文字修正、提要內容等方面，恐有疏漏及舛誤之處，懇請方家不吝指正。

心一堂術數古籍 珍本 整理 叢刊編校小組

二零零九年七月序

二零一四年九月第三次修訂

民國十五年春月

卜易指南

上海千頃堂印行

千頃堂書局商標
上海三馬路
千頃堂書局

卜易指南序

以錢代蓍之法祖於京房易傳著於火珠林衛元嵩元包即其法也項安世謂後人務趨捷徑以是為卜肆之便然陸德明經典釋文於易卦之下悉注某宮一世二世歸魂遊魂諸名則知其所由來者久矣近世所傳卜筮之書以增删卜易為詳賅凡一切世應飛伏五行六親之屬備列程式意在啟廸惜其書蕪雜殊未雅馴且闡發處語多拘牽尤乏精當學者不免有茫昧脬隔之憾張子孝宜別號寨君平浙江錢塘人也性頴慧究心易學識與不識一望而知為明道君子癸卯甲辰之間受宣化鎮何軍門之聘遂來塞上佐理戎幕者凡兩年公餘演術多奇中頃間出所著卜易指南二卷見示上卷詳諸裝卦之訣下卷則其平時占驗各門法顯義深條分縷晰雖著墨無多而蔚然薈萃其精華洵

足發明古法律逮後學由此一編因委溯原將以鑽仰著揲追探夫窮變極頣範圍曲成之易其有裨於人豈徒專事趨避而已哉書錄成帙張子將攜歸海上縮印袖珍索序於僕聊撫數言以誌景慕曲阜歗東李樹銘拜識

乙巳初春　孝宜先生行將南下聊砌俚言奉題其大著卜易指南册子即希教正其詞曰

鷲嶺吐靈雲葩秉秀姿古杭有鍾毓張子際昌期穎慧多才藻奥術擅神著元機生悔吝妙語析憂疑卓卓軼今古而參造化奇珠林安足數元嵩豈繩規此編垂永式啓廸意無私津梁逮後學精要詎等夷法顯義彌深蔚然揲著師

歗東弟末是草

卜易指南卷一

寨君平孝宜氏著

八卦陰陽

乾為大父　震為長男　坎為中男　艮為少男　俱屬陽
坤為大母　巽為長女　離為中女　兑為少女　俱屬陰

八卦方位

乾在西北　坎在正北　艮在東北　震在正東
巽在東南　離在正南　坤在西南　兑在正西

周易六十四卦歌訣

乾為天　天風姤　天山遯　天地否　風地觀　山地剝　火地晋

火天大有　乾宮八卦俱屬金
坎為水　水澤節　水雷屯　水火既濟　澤火革　雷火豐　地火明夷
地水師　坎宮八卦俱屬水
艮為山　山火賁　山天大畜　山澤損　火澤睽　天澤履　風澤中孚
風山漸　艮宮八卦俱屬土
震為雷　雷地豫　雷水解　雷風恒　地風升　水風井　澤風大過
澤雷隨　震宮八卦俱屬木
巽為風　風天小畜　風火家人　風雷益　天雷无妄　火雷噬嗑
山雷頤　山風蠱　巽宮八卦俱屬木
離為火　火山旅　火風鼎　火水未濟　山水蒙　風水渙　天水訟

天火同人　離宮八卦俱屬火
坤為地　地雷復　地澤臨　地天泰　雷天大壯　澤天夬　水天需
水地比　坤宮八卦俱屬土
兑為澤　澤水困　澤地萃　澤山咸　水山蹇　地山謙　雷山小過
雷澤歸妹　兑宮八卦俱屬金

六合卦八

天地否　水澤節　山火賁　雷地豫　火山旅　地雷復　地天泰
澤水困

六冲卦十

乾為天　坎為水　艮為山　震為雷　巽為風　離為火　坤為地

兌為澤 天雷旡妄 雷天大壯

遊魂卦八

火地晉 地火明夷 風澤中孚 澤風大過 天水訟 水天需 山雷頤

雷山小過

歸魂卦八

火天大有 天火同人 風山漸 山風蠱 地水師 水地比 雷澤歸妹

澤雷隨

陰包陽卦五

坎為水 澤風大過 雷山小過 澤山咸 雷風恒

陽包陰卦五

離為火　風澤中孚　山雷頤　山澤損　風雷益

爻象　上三爻為外卦下三爻為內卦由下裝上

六爻　五爻　四爻　三爻　二爻　初爻

卦象

乾三連　一點為單連得三爻俱是單為乾卦乾為天

坤六斷　兩點為拆連得三爻俱是拆為坤卦坤為地

震仰盂　初爻單二爻三爻俱是拆為震卦震為雷

艮覆盌　初爻二爻俱是拆三爻單為艮卦艮為山

離中虛　初爻單二爻拆三爻單為離卦離為火

坎中滿　初爻拆二爻單三爻拆為坎卦坎為水

兌上訣　初爻二爻俱是單三爻折為兌卦兌為澤

巽下斷　初爻折二爻三爻俱是單為巽卦巽為風

六神

甲乙日	元武	白虎	螣蛇	勾陳	朱雀	青龍
丙丁日	青龍	元武	白虎	螣蛇	勾陳	朱雀
戊日	朱雀	青龍	元武	白虎	螣蛇	勾陳
巳日	勾陳	朱雀	青龍	元武	白虎	螣蛇
庚辛日	螣蛇	勾陳	朱雀	青龍	元武	白虎
壬癸日	白虎	螣蛇	勾陳	朱雀	青龍	元武

六親

生我者為父母　尅我者為官鬼　我生者為子孫　我尅者為妻財
扶我者為兄弟

五行相生

金生水　水生木　木生火　火生土　土生金

五行相尅

金尅木　木尅土　土尅水　水尅火　火尅金

五行

寅卯屬木　巳午屬火　申酉屬金　亥子屬水　辰戌丑未屬土

旬空

甲子旬中戌亥空　甲寅旬中子丑空　甲辰旬中寅卯空

甲午旬中辰巳空　甲申旬中午未空　甲戌旬中申酉空

三合

寅午戌合火局　亥卯未合木局　巳酉丑合金局

申子辰合水局　辰戌丑未合土局

六合

子與丑合　寅與亥合　卯與戌合　辰與酉合　巳與申合　午與未合

六冲

子午相冲　丑未相冲　寅申相冲　卯酉相冲　辰戌相冲　巳亥相冲

六害

子未相穿　丑午相穿　寅巳相穿　卯辰相穿　申亥相穿　酉戌相穿

三刑

寅刑巳　巳刑申　未刑丑　丑刑戌　子刑卯　卯刑子　辰辰相刑

午午相刑　酉酉相刑　亥亥相刑

生旺墓絶

金長生在巳　旺在酉　墓在丑　絶在寅

木長生在亥　旺在卯　墓在未　絶在申

火長生在寅　旺在午　墓在戌　絶在亥

水土長生在申　旺在子　墓在辰　絶在巳

旺相休囚

正二月木為旺　火為相　其餘土金水俱作休囚

三月土為旺　金為相　木雖不旺尚有餘氣　其餘俱作休囚
四五月火為旺　土為相　其餘金水木俱作休囚
六月土為旺　金為相　火雖不旺尚有餘氣　其餘俱作休囚
七八月金為旺　水為相　其餘木火土俱作休囚
九月土為旺　金為相　其餘水木火俱作休囚
十月十一月水為旺　木為相　其餘火土金俱作休囚
十二月土為旺　金為相　水雖不旺尚有餘氣　其餘俱作休囚

驛馬

申子辰馬在寅　巳酉丑馬在亥　寅午戌馬在申　亥卯未馬在巳

貴人

甲戊庚牛羊　乙己鼠猴鄉　丙丁猪鷄位　壬癸兎蛇藏　六辛逢馬虎
此是貴人方
天喜
春戌　夏丑　秋辰　冬未
月德
寅午戌月在丙　亥卯未月在甲　巳酉丑月在庚　申子辰月在壬
世爻
凡自占吉凶者以世爻為用神尋地以世爻為穴世爻旺相或日月動爻生扶
或應來生世合世及世動化吉化回頭生化進神者諸占皆吉不宜世值休囚
及被日月動爻之尅或應來冲世尅世及世動化凶化回頭尅化退神者諸占

皆凶

應爻

凡代占吉凶者以應爻為用神尋地以應爻為對山世為自已應為他人故應來生世者吉來尅世者兇

父母爻

凡占父母或祖父母或與我父母同輩之人及僕占主人皆以父爻為用神若大旱求雨及占家信文書章奏房屋營壘城垣一切庇覊我身之物亦以父爻為用神父動尅子故占子孫者宜忌之

官鬼爻

凡占考試陞遷或鬼神雷電及妻占夫主皆以官爻為用神官鬼為憂疑尅害

之神動則傷身故占身命者忌之

兄弟爻

凡占兄弟姊妹或與兄弟同輩之人以及占驗風雲皆以兄爻為用神兄弟為阻隔破耗之神動則傷財故占妻財者忌之

妻財爻

凡占妻妾奴婢及為我使用之人皆以財爻為用神若久雨求晴及一切求財之事亦以財爻為用神財動尅父故占父母者忌之

子孫爻

凡占子孫及家宅出行終身財福久雨求晴與一切防災慮患之事皆以子孫爻為用神子動傷官故占功名者忌之

青龍爻

甲乙日占卦青龍在初爻青龍為喜星動則主吉尋地以青龍為左山占病主酒色過度若鬼與青龍同爻發動占詞訟逢兇化吉占出行宜戒賭嫖

朱雀爻

丙丁日占卦朱雀在初爻朱雀旺動主有口舌官非尋地以朱雀為前山占病主言語顛狂若鬼與朱雀同爻發動占詞訟定有口舌占出行防有官非

勾陳爻

戊日占卦勾陳為初爻勾陳為土星動則主兇尋地以勾陳為山坡占病主脹若鬼與勾陳同爻發動占詞訟是非日有占出行事有勾纏

螣蛇爻

巳日占卦螣蛇在初爻螣蛇為土星動則主凶尋地以螣蛇為道路占病主死若鬼與螣蛇同爻發動占詞訟災患相侵占出行風波驚險

白虎爻

庚辛日占卦白虎在初爻白虎為金星動則主有凶喪尋地以白虎為右山占病主喪若鬼與白虎同爻發動占詞訟傷痕見血占出行疾病纏綿

元武爻

壬癸日占卦元武在初爻元武為水星動則主有盜賊尋地以元武為後派占病主憂若鬼與元武同爻發動占詞訟陰人暗害占出行盜賊須防

用神

不拘占何事先看何爻為用神既得用神須看旺相　有元神動而生扶否有

忌神動而尅害否

元神

何謂元神生用神之爻爲元神若元神旺相或臨日月及元神旺動化回頭生者諸占皆吉

忌神

何爲忌神尅用神之爻爲忌神此爻旺動諸占大凶若在衰鄉動亦無害

仇神

何謂仇神尅元神生忌神之爻爲仇神尅元神則用神無生發之機生忌神則用神有尅傷之患謂之仇神

進神

寅化卯　巳化午　申化酉　亥化子　辰化未　未化戌　戌化丑
丑化辰

退神

卯化寅　午化巳　酉化申　子化亥　辰化丑　丑化戌　戌化未
未化辰

裝卦口訣

乾在內卦子寅辰乾在外卦午申戌坎在內卦寅辰午坎在外卦申戌子艮在內卦辰午申艮在外卦戌子寅震在內卦子寅辰震在外卦午申戌巽在內卦丑亥酉巽在外卦未巳卯離在內卦卯丑亥離在外卦酉未巳坤在內卦未巳卯坤在外卦丑亥酉兌在內卦巳卯丑兌在外卦亥酉未

占法

凡占卦者先將姓名籍貫及所卜何事或自占或代占逐一問明用錢三文向盤內擲之看係幾個字幾個背一背為單點上一點兩背為拆平點兩點三背為重畫上一圈仍算一點三字為交打上一乂仍算兩點

世應定位

乾為天世在六　天風姤世在初　天山遯世在二　天地否世在三　風地觀世在四　山地剝世在五　火地晋世退在四　火天大有世又退在三

凡隔世爻兩位即應爻餘倣此

八宮六十四卦全圖

乾為天　乾宮第一卦

天風姤　乾宮第二卦

、世、、、應、、
戌土申金午火辰土寅木子水
父母兄弟官鬼父母妻財子孫
天山遯　乾宮第三卦
、、應、、〃世〃
戌土申金午火申金午火辰土
父母兄弟官鬼兄弟官鬼父母
風地觀　乾宮第五卦
、、〃世〃〃〃應
卯木巳火未土卯木巳火未土

、、、應、、〃世
戌土申金午火酉金亥水丑土
父母兄弟官鬼兄弟子孫父母
天地否　坤宮第四卦
、應、、〃世〃〃
戌土申金午火卯木巳火未土
父母兄弟官鬼妻財官鬼父母
山地剝　乾宮第六卦
、、〃世〃〃〃應〃
寅木子水戌土卯木巳火未土

妻財官鬼父母妻財官鬼父母

火地晉　乾宮第七卦

、〃、世〃〃〃應

巳火未土酉金卯木巳火未土

官鬼父母兄弟妻財官鬼父母

坎為水　坎宮第一卦

〃世、〃〃應、〃

子水戌土申金午火辰土寅木

兄弟官鬼父母妻財官鬼子孫

水雷屯　坎宮第三卦

妻財子孫父母妻財官鬼父母

火天大有　乾宮第八卦

、應〃、、世、、

巳火未土酉金辰土寅木子水

官鬼父母兄弟父母妻財子孫

水澤節　坎宮第二卦

〃、〃應〃、、世

子水戌土申金丑土卯木巳火

兄弟官鬼父母官鬼子孫妻財

水火既濟　坎宮第四卦

ヽヽ丶應ヽヽヽヽヽヽ世丶
子水戌土申金辰土寅木子水
兄弟官鬼父母官鬼子孫兄弟
澤火革　坎宮第五卦
ヽヽ丶丶世丶ヽヽ丶應
未土酉金亥水亥水丑土卯木
官鬼父母兄弟兄弟官鬼子孫
地火明夷　坎宮第七卦
ヽヽヽヽヽヽ世丶ヽヽ丶應
酉金亥水丑土亥水丑土卯木

ヽヽ應丶ヽヽ丶世ヽヽ丶
子水戌土申金亥水丑土卯木
兄弟官鬼父母兄弟官鬼子孫
雷火豐　坎宮第六卦
ヽヽヽヽ世丶丶ヽヽ應丶
戌土申金午火亥水丑土卯木
官鬼父母妻財兄弟官鬼子孫
地水師　坎宮第八卦
ヽヽ應ヽヽヽヽヽヽ世丶ヽヽ
酉金亥水丑土午火辰土寅木

父母兄弟官鬼兄弟官鬼子孫
艮為山　艮宮第一卦
、世〃〃、應〃〃
寅木子水戌土申金午火辰土
官鬼妻財兄弟子孫父母兄弟

父母兄弟官鬼妻財官鬼子孫
山火賁　艮宮第二卦
、〃〃應、〃、世
寅木子水戌土亥水丑土卯木
官鬼妻財兄弟妻財兄弟官鬼

山天大畜　艮宮第三卦
、〃應〃、、世、
寅木子水戌土辰土寅木子水
官鬼妻財兄弟兄弟官鬼妻財

山澤損　艮宮第四卦
、應〃〃〃世、、
寅木子水戌土丑土卯木巳火
官鬼妻財兄弟兄弟官鬼父母

火澤睽　艮宮第五卦

天澤履　艮宮第六卦

、〃、世〃、〃應
巳火未土酉金丑土卯木巳火
父母兄弟子孫兄弟官鬼父母
風澤中孚　艮宮第七卦
、、〃世〃、、應
卯木巳火未土丑土卯木巳火
官鬼父母兄弟兄弟官鬼父母
震為雷　震宮第一卦
〃世〃、〃應〃、
戌土申金午火辰土寅木子水

、、世、〃、應、
戌土申金午火丑土卯木巳火
兄弟子孫父母兄弟官鬼父母
風山漸　艮宮第八卦
、應、〃、世〃〃
卯木巳火未土申金午火辰土
官鬼父母兄弟子孫父母兄弟
雷地豫　震宮第二卦
〃〃、應〃〃世
戌土申金午火卯木巳火未土

妻財官鬼子孫妻財兄弟父母
雷水解　震宮第三卦
、、、、應、、、、世、、
戌土申金午火午火辰土寅木
妻財官鬼子孫子孫妻財兄弟
地風升　震宮第五卦
、、、、、、世、、、、應
酉金亥水丑土酉金亥水丑土
官鬼父母妻財官鬼父母妻財
澤風大過　震宮第七卦

妻財官鬼子孫兄弟子孫妻財
雷風恒　震宮第四卦
、、應、、、、世、、、
戌土申金午火酉金亥水丑土
妻財官鬼子孫官鬼父母妻財
水風井　震宮第六卦
、、、世、、、、應、、
子水戌土申金酉金亥水丑土
父母妻財官鬼官鬼父母妻財
澤雷隨　震宮第八卦

〃、、世、、〃應
未土酉金亥水酉金亥水丑土
妻財官鬼父母官鬼父母妻財
巽為風　巽宮第一卦

〃應、、〃世〃、
未土酉金亥水辰土寅木子水
妻財官鬼父母妻財兄弟父母
風天小畜　巽宮第二卦

、世、〃、應、〃
卯木巳火未土酉金亥水丑土
兄弟子孫妻財官鬼父母妻財
風火家人　巽宮第三卦

、、〃應、、、世
卯木巳火未土辰土寅木子水
兄弟子孫妻財妻財兄弟父母
風雷益　巽宮第四卦

、、應〃、〃世、
卯木巳火未土亥水丑土卯木

、應、〃〃世〃、
卯木巳火未土辰土寅木子水

兄弟子孫妻財父母妻財兄弟

天雷无妄　巽宮第五卦

、、、世ヽヽヽヽ、應

戌土申金午火辰土寅木子水

妻財官鬼子孫妻財兄弟父母

山雷頤　巽宮第七卦

、ヽヽヽヽ世ヽヽヽヽ、應

寅木子水戌土辰土寅木子水

兄弟父母妻財妻財兄弟父母

離為火　離宮第一卦

兄弟子孫妻財妻財兄弟父母

火雷噬嗑　巽宮第六卦

、ヽヽ世、ヽヽヽヽ應、

巳火未土酉金辰土寅木子水

子孫妻財官鬼妻財兄弟父母

山風蠱　巽宮第八卦

、應ヽヽヽヽ、世、ヽヽ

寅木子水戌土酉金亥水丑土

兄弟父母妻財官鬼父母妻財

火山旅　離宮第二卦

、世　、、　、　、應　、、　、
巳火未土酉金亥水丑土卯木
兄弟子孫妻財官鬼子孫父母

火風鼎　離宮第三卦

、　、、應　、　、　、世　、、
巳火未土酉金酉金亥水丑土
兄弟子孫妻財妻財官鬼子孫

山水蒙　離宮第五卦

、　、、　、、世　、、　、　、、應
寅木子水戌土午火辰土寅木

、　、、　、應　、　、、　、、世
巳火未土酉金申金午火辰土
兄弟子孫妻財妻財兄弟子孫

水火既濟　離宮第四卦

、應　、、　、　、、世　、　、、
巳火未土酉金午火辰土寅木
兄弟子孫妻財兄弟子孫父母

風水渙　離宮第六卦

、　、世　、、　、、　、離　、、
卯木巳火未土午火辰土寅木

父母官鬼子孫兄弟子孫父母
天水訟　離宮第七卦
、　、　、世　、、　、　、、應
戌土申金午火午火辰土寅木
子孫妻財兄弟兄弟子孫父母
坤為地　坤宮第一卦
、、世　、、　、、　、、應　、、　、、
酉金亥水丑土卯木巳火未土
子孫妻財兄弟官鬼父母兄弟
地澤臨　坤宮第三卦

父母兄弟子孫兄弟子孫父母
天火同人　離宮第八卦
、應　、　、　、世　、、　、
戌土申金午火亥水丑土卯木
子孫妻財兄弟官鬼子孫父母
地雷復　坤宮第二卦
、、　、、　、、應　、、　、、　、世
酉金亥水丑土辰土寅木子水
子孫妻財兄弟兄弟官鬼妻財
地天泰　坤宮第四卦

〃〃應〃〃、世、

酉金亥水丑土丑土卯木巳火

子孫妻財兄弟兄弟官鬼父母

雷天大壯　坤宮第五卦

〃〃、世、、、應

戌土申金午火辰土寅木子水

兄弟子孫父母兄弟官鬼妻財

水地需　坤宮第七卦

〃、〃世、、、應

子水戌土申金辰土寅木子水

〃應〃〃、世、、

酉金亥水丑土辰土寅木子水

子孫妻財兄弟兄弟官鬼妻財

澤天夬　坤宮第六卦

〃、世、、、應、

未土酉金亥水辰土寅木子水

兄弟子孫妻財兄弟官鬼妻財

水地比　坤宮第八卦

〃應、〃〃世〃〃

子水戌土申金卯木巳火未土

妻財兄弟子孫兄弟官鬼妻財

兌為澤　兌宮第一卦

〃世、、〃應、、

未土酉金亥水丑木卯木巳火

父母兄弟子孫父母妻財官鬼

澤地萃　兌宮第三卦

〃、應、〃〃世〃

未土酉金亥水卯木巳火未土

父母兄弟子孫妻財官鬼父母

水山蹇　兌宮第五卦

妻財兄弟子孫官鬼父母兄弟

澤水困　兌宮第二卦

〃、、應〃、〃世

未土酉金亥水午火辰土寅木

父母兄弟子孫官鬼父母妻財

澤山咸　兌宮第四卦

〃應、、、世〃〃

未土酉金亥水申金午火辰土

父母兄弟子孫兄弟官鬼父母

地山謙　兌宮第六卦

、、 、 、、世 、 、、 、、應
子水戌土申金申金午火辰土
子孫父母兄弟兄弟官鬼父母
雷山小過　兌宮第七卦
、、 、、 、世 、 、、 、、應
戌土申金午火申金午火辰土
父母兄弟官鬼兄弟官鬼父母

、、 、、世 、、 、 、、應 、、
酉金亥水丑土申金午火辰土
兄弟子孫父母兄弟官鬼父母
雷澤歸妹　兌宮第八卦
、、應 、、 、 、、世 、 、
戌土申金午火丑土卯木巳火
父母兄弟官鬼父母妻財官鬼

卜易指南卷一終

上海三馬路
千頃堂書局出版廣告

中西匯通醫書五種	十二本洋一元六角
唐氏中西醫判	二本洋四角
唐氏六經方證通解	二本洋四角
精校類症治裁	八本洋一元二角
張氏仲景全書	八本洋一元二角
葉氏醫案存真	二本洋三角
雷氏醫家四要	四本洋四角
陸氏冷廬醫話	四本洋六角
洪氏集驗方	二本洋四角
王孟英醫書五種	八本洋六角
張氏儒門事親	六本洋一元二角
痢症滙參	二本洋四角
疔瘡要訣	二本洋三角
巢氏病源論	八本洋一元二角
齊有堂醫案	六本洋八角
王肯堂醫學津梁	四本洋六角
舒馳遠傷寒論	四本洋六角
劉河間傷寒三六書	八本洋一元
全生指迷方	一本洋二角
傷寒微旨論	一本洋一角五分
喉科紫珍集	二本洋三角
百病辨症錄	八本洋一元二角
陳氏評批眼科銀海精微	二本洋四角
小兒藥證直訣	二本洋二角
幼科指南	二本洋四角
三朝名醫方論	六本洋一元
外科輯要	二本洋三角
女科輯要	二本洋二角
退思廬醫書四種	中紙八本洋二元五角；洋紙八本洋一元六角
中西醫粹	四本洋六角
溫熱經緯	四本洋二角五分
溫病條辨	四本洋二角五分

新印天下有山堂蘭竹石譜二大本洋壹元

卜易指南卷二

賚君平孝宣氏著

卯月辛丑日占本日

陰晴得風天小畜變

○ 、 〃應 ○ 、 、世

卯木兄弟 巳火 未土 辰土妻財 寅木 子水

子水父母 子孫 妻財 丑土妻財 兄弟 父母

水澤節卦

本卦辰土財爻雖動而化退然財臨日建定主大晴惟卯木兄爻動化子水囬頭之生卯時防大風卯與戌合戌時合住兄爻風當息矣果見天氣甚晴明自朝至暮東風大作戌時大風頓息星斗滿天

卯月壬寅日占本日

陰晴得雷天大壯變

〃 〃 ○世 、 、 、應

戌土 申金 午火父母 辰土 寅木 子水

地天泰卦　　　兄弟子孫丑土兄弟　兄弟官鬼妻財

卦中午火父爻動而化丑午時必起大風惟日辰沖動申金子孫暗動定主大晴果見一天晴日萬里無雲午時忽起大風至夜未息

亥月癸亥日某府經　〃世〃〃〃應〃〃

占内眷北來何日抵　酉金亥水丑土卯木巳火未土

署得坤為地卦　子孫妻財兄弟官鬼父母兄弟

府經素知易理自謂財臨日建亥日必到余曰卦中亥水財爻旺臨日月用神當令出現太多亥日如何能到蓋財太旺者必待墓庫之日以收藏永墓在辰月之二十四日戊辰財爻入墓定許見面後府經内眷竟於戊辰之日到署益信逢旺看墓之說真是千古名言

子月己卯日某孝廉　〻應、、〻世乂○

占擇婿得澤雷隨變　未土酉金亥水辰土寅木子水
　　　　　　　　　　　　　　　兄弟父母

澤水困卦　妻財官鬼父母妻財辰土寅木
　　　　　　　　　　　　妻財兄弟

凡占婚姻如女家占男以官爻為用神以應爻為男家俱要生扶旺相不宜破墓絕空今卦中酉金既值旬空日破應爻未土復與子月相穿門第新郎一無可取此婚決不能成聞後以新郎人品不端為女家所拒竟未成婚

子月戊寅日占保舉　、應○、、世〻、

得天火同人變離為　戌土申金妻財午火亥水丑土卯木

火卦　子孫未土子孫兄弟官鬼子孫父母

亥水官爻持世申金元神動而生必是現任官員並有官上加官之象如若問

保察其事可成所謂旺官持世財動相生定主陞遷之兆是也彼曰成在何時余曰靜則看沖卦中亥水官爻被寅日合住又靜而不動必待沖開之年月方成明年乙巳正沖亥水定有好音

寅月丙申日占本日　〻應〤、、世、〻

陰晴得雷風恒變澤　戌土　申金官鬼　午火酉金亥水丑土

風大過卦　妻財　酉金官鬼　子孫官鬼父母妻財

申金鬼臨日建又化進神定主狂風累日申時濃雲四合並有惡風晦暗之象果見狂風竟日申時雲霧迷天入夜星月無光風仍未息

寅月丁酉日占本日　〻應、〻〤〻世〻

陰晴得水地比變水　子水戌土申金　卯木官鬼　巳火未土

山蹇卦　　　　　　　　　妻財兄弟子孫申金子孫父母兄弟

卯木鬼爻發動酉日冲之卯時滿天雲霧必起大風但鬼動化孫申時尅制鬼

爻雲開日出風亦息矣果見陰雲竟日風聲怒號申時雲開見日一片青天

寅月戊戌日占本日　　　○、世〻、〻應

陰晴得天水訟變澤　　　戊土子孫申金午火午火辰土寅木

水困卦　　　　　　　　未土子孫妻財兄弟兄弟子孫父母

戊土子孫旺臨日建定主大晴但子動化退未時防有微雲掩日申時雲開日

出仍主晴明果見一日大晴未時畧有微雲入夜星月交輝碧天如洗

丑月乙巳日某直刺　　　〻應、、世〻〻

占借銀得澤山咸卦　　　未土酉金亥水申金午火辰土

父母兄弟子孫兄弟官鬼父母

凡占借貸財為用神若遇財爻持世子動相生或財臨日月此財必得本卦兄爻持世兄弟為阻隔破耗之神兄若持世便如緣木求魚況用神則伏而逢空元神則日冲月尅財既空伏又絕生機如何能成後竟如所言

亥月癸酉日父占子　○、〃世、〃〃應

過海可平安否得風　（卯木）妻財巳火未土卯木巳火未土

地觀變水地比卦　（子水）子孫官鬼父母妻財官鬼父母

凡占渡江過海及父占子皆以子孫爻為用神本卦亥水子孫旺臨月建此次過海回南定主風恬浪靜一路平安明日甲午動爻逢合必有信來次日早起果接滬寓來函內言自津至滬駛行海面頗極平穩餘亦盡如所言

亥月丁卯日占咨文

何日可到得地火明

夷變澤火革卦

〻〤〤世、〻、應

酉金 亥水丑土 兄弟官鬼 亥水丑土卯木

父母 酉金亥水 父母兄弟 兄弟官鬼子孫

凡占公文信件皆以父爻為用神靜則看冲動則看合千古不易之理也卦中酉金卯日冲之名為用神暗動明日戌辰動爻逢合咨文必到果於戊辰日接奉咨文可見卦之應驗全在用神學者能於逢靜看冲逢動看合逢旺看墓逢衰看旺四語玩索深求果有心得雖登管輅之堂入君平之室不外是已

酉月戊戌日某主事

占胎孕男女得巽為

風變風火家人卦

、世、〻、應〇〤

卯木巳火未土酉金 亥水丑土 父母妻財

兄弟子孫妻財官鬼 丑木卯木 妻財兄弟

凡占胎孕不論自占代占皆以子孫爻為用神值陰為女值陽為男卦中巳火子孫其象從陰於卦為巽而巽為長女必是女胎彼曰生於何日余曰孫爻在巳必應巳日果於月之二十九日乙巳生一女孩

亥月甲寅日某鎮軍占開復後即日稟求督憲代奏謝恩是否可行得地風井卦

、、　、、　、、世　、　、　、、應

酉金亥水丑土酉金亥水丑土

官鬼父母妻財官鬼父母妻財

卦得伏吟全是憂鬱吟呻之象豈能望其代奏卻未敢便斷因請再占一卦得山雷頤變山澤損卦

、　、、　、、世　、、　ㄨ　、應

寅木子水戌土辰土寅木兄弟子水

兄弟父母妻財妻財卯木兄弟父母

卦中子水文書亥月扶之旺相極矣然用神旺者必待墓庫之日以收藏水墓在辰子月辰日一准出奏後奉督憲行知果於十一月十八日壬辰附片入奏應驗如神

卯月庚子日占本日　○應 ‖ 、 、世 、 、

陰晴得火天有大變　巳火官鬼 未土 酉金 辰土 寅木 子水

雷天大壯卦　戌土父母 父母 兄弟 父母 妻財 子孫

卦中子水孫爻旺臨日建定主大晴巳火鬼爻雖動却逢日尅旬空亦是霧散雲消之象果見一日暢晴入夜星斗高懸微風不動

卯月癸卯日占本日　‖應 ✕ 、 ‖世 、 、

陰晴得雷澤歸妹變　戌土 申金兄弟 午火 丑土 卯木 巳火

兌為澤卦　　父母酉金兄弟官鬼父母妻財官鬼

卦中卯木財爻旺臨日月應主晴明不合申金兄爻動化進神兄動主風定是狂風累日雲霧迷天果見陰雲竟日風聲怒號入夜風息雲開明星萬點

卯月甲辰日占本日　　〃 〤 、世 、 、 、應

陰晴得雷天大壯變　　戌土 申金子孫 午火辰土寅木子水

澤天夬卦　　兄弟 酉金子孫 父母兄弟官鬼妻財

卦中申金子孫動而化進辰日生之子孫為日月星斗動則晴光萬里應主大晴果見晴明竟日天氣溫和入夜滿天星斗萬里無雲

卯月乙巳日占本日　　、 〃 〤世 〤 〃 、應

陰晴得山雷頤變離　　寅木子水 戌土妻財 辰土妻財 寅木子水

為火卦　　兄弟父母 酉金官鬼 亥水父母 兄弟父母

卦中辰戌財爻動而變鬼變父大有雲霧迷天日色掩藏之象果見陰雲竟日不見陽光入夜天色晦暗頗有雪意

卯月丙午日占本日　　、世、〇、應、、

陰晴得乾為天變風　　戌土申金 午火官鬼 辰土寅木子水

天小畜卦　　父母兄弟 未土父母 父母妻財子孫

午火鬼爻發動變出未土化回頭合是變陰雨而為晴明也本日雲開日出天氣暢晴果見一天晴日萬里無雲

卯月丁未日占本日　　、 ╎ 、世 ╎ ╎ ╎應

陰晴得火地晉卦　　巳火未土酉金卯木巳火未土

官鬼父母兄弟妻財官鬼父母

卦中未土父爻旺臨日建父母主雨雪雹霜未時有天地閉塞日月掩藏之象

酉時兄爻暗動防有大風果見大風竟日未時雲霧迷天忽飄瑞雪

卯月戊申日占本日　、應〇〇ぃ世ぃぃ

陰晴得天地否變山　戌土申金午火 兄弟官鬼 卯木巳火未土

地剝卦　父母子子水戌土 子孫父母 妻財官鬼父母

卦中官鬼兄爻同時發動兄動則風雲變色鬼動則黑霧迷天主竟日陰雲必

非晴明之象果見雪花飛舞天氣大寒入夜雪止仍是雲霧迷天

卯月巳酉日占本日　ぃぃ、世、ぃぃ應

陰晴得雷山小過卦　戌土申金午火申金午火辰土

父母兄弟官鬼兄弟官鬼父母

卦中辰戌父爻被日月合住雖有陰雲却是再無雷意惟申金兄爻旺於酉日申時必有大風果見陰雲竟日非雨非晴申時忽起大風一夜不息

戌月辛卯日某鎮軍

、○世○〻、應○

占防患得天澤履變

戌土申金午火丑土卯木巳火
子孫父母父母
兄弟子水戌土兄弟官鬼寅木
妻財兄弟官鬼

山水蒙卦

凡占防風慮患一切憂疑驚恐之事但得子孫持世及子孫動於卦中便可無憂本卦火動尅金看似世爻受制但火臨戌月火巳入墓不能再尅旺相之金日下官臨日建雖未稱心一交霜降忌神入墓便不足憂後果如所言

戌月丁酉日某統領

、×應×、、世、

占防患得山天大畜

變乾為天卦

寅木官鬼　子水妻財　戌土兄弟　辰土兄弟　寅木官鬼　子水妻財

申金子孫　午火父母

卦中子水應爻發動月建尅之戌土動爻又尅之應動逢尅必無後患況卦變六冲應動生世事已冲散安能成訟後竟平安無事

戌月辛丑日某統領

占防患得澤天夬變

巽為風卦

未土兄弟　酉金子孫　亥水妻財　辰土兄弟　寅木官鬼　子水妻財

卯木官鬼　未土兄弟　丑土兄弟

ㄨ　、世○　、　、應○

本卦酉金子孫持世月建日辰生之子孫旺相極矣然逢旺看墓金墓在丑今日辛丑用神入墓當有人出為調停可以永無後患言未畢忽有某登門謁見代為謝過

午月戊子日占買屋何日能成得水地比變澤水困卦

〃應、✕〃世✕〃

子水戌土申金子孫卯木巳火父母未土

妻財兄弟亥水妻財官鬼辰土兄弟兄弟

卦中巳火父爻旺動午月扶之月內定可成事彼曰成於何日余曰占買屋父爻為用神以其能庇覆我身也動則看合今日戊子但看十八日丙申用神逢合一定成事果於月之丙申日成契簽字兌付屋價悉如所言

酉月己未日某千總占妻宮現在有無胎孕得天雷无妄變天火同人卦

、、、世✕〃〃、應

戌土申金午火辰土妻財寅木子水

妻財官鬼子孫亥水父母兄弟父母

卦中午火子孫衰於未日死於酉月子星衰弱極矣況卦遇六沖午火子孫巳

被初爻子水冲破而動爻辰土又化忌神安得有孕後果竟如所言

亥月乙卯日某千總　〃〃、世、、、應
占破碗主何吉凶得　戌土申金午火辰土寅木子水
雷天大壯卦　兄弟子孫父母兄弟官鬼妻財

卦占大壯又得六冲大有擲地金聲之象其破碗也宜矣今日鬼臨日建心中未免憂煩明日丙辰鬼入衰鄉煩憂頓釋果至次日心定神安後亦別無他患

亥月乙卯日某軍門占明年　〃X〃世、X、應
三月搬家途中可平安否得　酉金 亥水兄弟 丑土亥水 丑土官鬼 卯木
地火明夷變水天需卦　父母 戌土官鬼 官鬼兄弟 寅木子孫 子孫

卦中官鬼兄弟兩爻並動兄動則事多阻隔鬼動則事有憂疑既阻且疑如何

能成明年三月恐因他事阻隔未必能搬後因某公子三人均須入都引見無人料理此事故作罷論

酉月巳酉日某鎮軍占開復何日能成得水澤節變澤天夬卦

〃、乂應乂、、世

子水戌土申金丑土卯木巳火
　　　　父母官鬼

兄弟官鬼亥水辰土子孫妻財
　　　　兄弟官鬼

卦中父母官爻同時發動官動則陞遷有日父動則開復有期彼曰成在何時余曰今年太歲在辰亥月一准開復果於亥月開復原官應辰年亥月者以卦中官父兩爻變出辰土亥水故也

戌月丙申日某鎮軍占開復並章奏已否拜發及到京暨批回日期

〃、〃世、○、應

子水戌土申金辰土寅木子水
　　　　　　　　官鬼

得水天需變水火既濟卦

妻財兄弟子孫兄弟　丑土兄弟　妻財

卦中寅木官星一爻獨發又動而變丑申日馬在寅卦中驛馬發動摺差業已在途但看二十六辛丑章奏定可到京二十七壬寅原摺一准批田占開後官為用神官爻獨發定主開復原官後見二十六日辛丑摺差由綏赴都道經上谷得見原摺底稿並限期二十七日壬寅到京直至十月初十日甲寅接東口來函始知原摺業已批准可見獨發之爻奇驗無比其得信在丑寅者以卦中寅動變丑故也

戌月己卯日某鎮軍占擬再託某友函懇某當道奏請開復得澤天夬變火地晉卦

〤　○世　、　○　○應　○

未土　酉金　亥水　辰土　寅木　子水

兄弟　子孫　　　兄弟　官鬼　妻財

巳火　未土　妻財　卯木　巳火　未土

父母　兄弟　　　官鬼　父母　兄弟

爻之取用獨發前掛言之詳矣若一爻獨靜豈不更有奇驗本卦官臨日建亥水妻財一爻獨靜明明告我以亥月開復矣又何必再托他人果於亥月開復原官

寅月壬午日占本日　、、應　、　、、乂世　、、

陰晴得澤地萃變澤　未土　酉金　亥水　卯木　巳火官鬼　未土

水困卦　父母　兄弟　子孫　妻財　辰土父母　父母

卦中卯木妻財寅月扶之上午天氣晴明惟鬼動爻中恐巳午未三時大有滿天雲霧日色掩藏之意果見早晨天氣暢晴自巳至未陰雲四合不見陽光

寅月癸未日占本日　、、　、、應　、　、、　、世　、、

陰晴得雷水解卦　戌土　申金　午火　午火　辰土　寅木

妻財官鬼子孫子孫妻財兄弟

卦中午火子孫寅月生之未日合之定主大晴果見一天晴日萬里無雲

寅月甲申日占本日

陰晴得風山漸變山

天大畜卦

、應○〃、世╳╳

卯木巳火父母未土申金午火辰土父母兄弟

官鬼子水妻財兄弟兄弟寅木子水官鬼妻財

卦中申金子孫旺臨日建定主大晴惟辰土兄動爻中復長生於申日更主有風果見狂風累日然天氣晴朗四望無雲入夜星月皎潔一片青天

寅月乙酉日占本日

陰晴得水火未濟變

澤地萃卦

○應╳、〃世○〃

巳火未土兄弟子孫酉金午火辰土子孫寅木

未土酉金子孫兄弟妻財兄弟巳火兄弟父母

本卦財臨日建又得子孫動於爻中定主大晴惟巳火兄爻發動申時兄動逢
合防有大風果見一日暢晴申時狂風大作至夜未息

寅月丙戌日占本日
陰晴得兌為澤變澤
風大過卦

〃世　、　、　×應　、　○
未土酉金亥水丑土父母卯木巳火官鬼
父母兄弟子孫酉金兄弟妻財丑土父母

卦中卯木妻財寅月扶之戌日合之應主晴明果一日大晴

寅月丁亥日占本日
陰晴得山天大畜變
山水蒙卦

、　〃應　〃　○　、世　○
寅木子水戌土辰土兄弟寅木子水妻財
官鬼妻財兄弟午火兄弟官鬼寅木官鬼

卦中子水財爻發動亥日扶之定主大晴果見一日大晴入夜星月交輝碧天

如洗

寅日戊子日占本卦　、 、世 、 乂 、應 、

陰晴得天澤履變乾　戌土 申金 午火 丑土兄弟 卯木 巳火

為天卦　兄弟 子孫 父母 辰土兄弟 官鬼 父母

卦中申金子孫持世丑土兄爻動而生之定主晴明果見風和日麗天氣大晴

寅月己丑日占本日　、、 、、應 、 、、 、世 乂

陰晴得雷水解變雷　戌土 申金 午火 午火 辰土 寅木兄弟

澤歸妹卦　妻財 官鬼 子孫 子孫 妻財 巳火子孫

本卦財臨日建動爻寅木又化子孫定主一日大晴果見竟日晴明入夜風清

月白萬里無雲

寅月庚寅日占本日
陰晴得風澤中孚變
火澤睽卦

、 ○ ㄨ世 〻 、 、 、應
卯木 巳火未土 父母兄弟 丑土卯木巳火
官鬼 未土酉金 兄弟子孫 兄弟官鬼父母

本卦鬼臨日建父母兄弟動於爻中兄動主狂風大作父動主雲霧迷天恐非
晴明之象果見上午天氣晴朗巳時陰雲四合未時忽起大風至夜未息

寅月辛卯日占本日
陰晴得山地剝變地
山謙卦

○ 〻世 〻 ㄨ 〻應 〻
寅木 妻財 子水戌土 卯木 妻財 巳火未土
酉金 兄弟 子孫父母 申金 兄弟 官鬼父母

卦中財臨日月兩爻俱動應主大晴惟財動變兄定主狂風累日果見天氣晴
明午後狂風大作一夜不息

寅月壬辰日占本日　〃〃、應ㄨ〃〃世
陰晴得雷地豫變雷　戌土申金午火卯木兄弟巳火未土
山小過卦　妻財官鬼子孫申金官鬼子孫妻財
卦中財臨日建卯木兄爻動而化回頭之尅天氣定主晴明卯時雖有微風頃
刻即止果見一日晴朗入夜皓月當空無雲點綴

寅月癸巳日占本日　〃ㄨ世、〇〃應、
陰晴得雷火豐變澤　戌土申金父母午火亥水兄弟丑土卯木
雷隨卦　官鬼酉金父母妻財辰土官鬼官鬼子孫
卦中財臨日建寅月生之主晴惟父母兄弟動於爻中申時主雲霧迷天亥時
主狂風大作果見上午天氣晴明申時雲翻風動日暗無光頗有雪意

寅月丙子日占父病

得水雷屯卦　ヽヽ ヽ應 ヽヽ ヽヽ ヽヽ世 ヽ

子水戌土申金辰土寅木子水

兄弟官鬼父母官鬼子孫兄弟

卦中申金父爻寅月沖之巳年尅之父值旬空月破必不久於人世請君速歸料理後事不可遲延後竟不出旬日果然去世

寅月乙亥日占母病　ヽヽ應 ○ ヽヽ ✕世 ヽヽ ✕

得水地比變地火明夷卦

子水 戌土 兄弟 申金 卯木 官鬼 巳火 未土 兄弟

妻財 亥水 妻財 子孫 亥水 妻財 父母 卯木 官鬼

卦中巳火父母寅月刑之亥日尅之必無生理況內卦木鬼旺動此宅常有縊鬼出現不可久居二月建卯驚蟄以後母當去世後竟果如所言

卜易指南卷二終

千頃堂書局發行

選擇通德類情　十本定價一元五角
鬼谷子全書　二本定價六角
大字星命萬曆　一本定價二角
大字淵海子平　二本定價四角
六壬經緯　四本定價二角
小字子平萬年　六本定價二角
先天易數　一本定價六分
萬法歸宗　四本定價二角

大字麻衣神相　二本定價三角
小字麻衣相法　四本定價一角五分
大字柳庄神相　二本定價三角
小字柳庄相法　二本定價一角
水鏡相法　四本定價二角
三世相法　四本定價二角
青烏經　一本定價一角五分
金錢神數　一本定價六分

【本局開設上海三馬路】

卜易指南

全一冊

上海文明書局印行

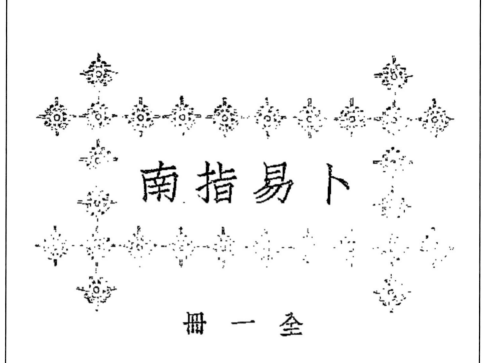

卜易指南

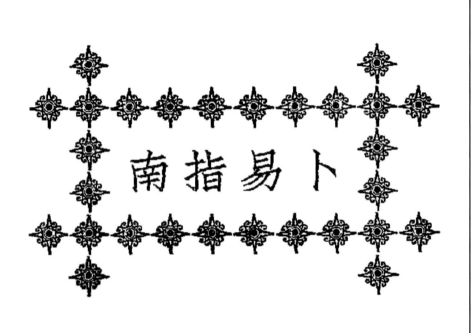

卜易指南序

以錢代蓍之法。祖於京房易傳。著於火珠林。衞元嵩元包。即其法也。項安世謂後人務趨捷徑。以是爲卜肆之便。然陸德明經典釋文於易卦之下。悉注某宮一世二世。歸魂遊魂諸名。則知其所由來者久矣。近世所傳卜筮之書。以增刪卜易爲詳賅。凡一切世應飛伏。五行六親之屬。備列程式。意在啓迪。惜其書蕪雜。殊未雅馴。且闡發處語多拘牽。尤乏精當。學者不免有茫昧腠隔之憾。張子孝宜。別號賽君。平浙江錢塘人也。性頴慧。究心易學。識與不識。一望而知爲明道君子。癸卯甲辰之間。受宣化鎮何軍門之聘。遂來塞上。佐理戎幕者凡兩年。公餘演術。多奇中。頃間出所著卜易指南二卷見示。上卷詳諸裝卦之訣。下卷則其平時占驗各門。法顯義深。條分縷晰。雖著墨無多。而蔚然薈萃其精華。洵足發明古法。津逮後學。由此一編。因委溯原。將以鑽仰著撰。追探夫窮變極頤範圍曲成之易。其有裨於人。豈徒專事趨避而已哉。書錄成帙。張子將携歸海

上。緇印袖珍。索序於僕。聊摭數言。以誌景慕。曲阜歙東李樹銘拜識

乙巳初春。　孝宜先生。行將南下。聊砌俚言。奉題其大著卜易指南冊子。即希教正。其詞曰

鷲嶺吐靈雲。巽葩秉秀姿。古杭有鍾毓。張子際昌期。頴慧多才藻。奧術擅神蓍。元機生悔吝。妙語析憂疑。卓卓軼今古。而參造化奇。珠林安足數。元嵩豈繩規。此編垂永式。啟迪意無私。津梁逮後學。精要詎等夷。法顯義彌深。蔚然揲者師。

歙東弟未是草

卜易指南卷一

賽君平孝宜氏著

八卦陰陽

乾爲大父　震爲長男　坎爲中男　艮爲少男　俱屬陽
坤爲大母　巽爲長女　離爲中女　兌爲少女　俱屬陰

八卦方位

乾在西北　坎在正北　艮在東北　震在正東
巽在東南　離在正南　坤在西南　兌在正西

周易六十四卦歌訣

乾爲天　天風姤　天山遯　天地否　風地觀　山地剝　火地晉　火天大有
乾宮八卦俱屬金

坎爲水　水澤節　水雷屯　水火既濟　澤火革　雷火豐　地火明夷　地水師
坎宮八卦俱屬水
艮爲山　山火賁　山天大畜　山澤損　火澤睽　天澤履　風澤中孚　風山漸
艮宮八卦俱屬土
震爲雷　雷地豫　雷水解　雷風恒　地風升　水風井　澤風大過　澤雷隨
震宮八卦俱屬木
巽爲風　風天小畜　風火家人　風雷益　天雷无妄　火雷噬嗑　山雷頤　山
風蠱　巽宮八卦俱屬木
離爲火　火山旅　火風鼎　火水未濟　山水蒙　風水渙　天水訟　天火同人
離宮八卦俱屬火
坤爲地　地雷復　地澤臨　地天泰　雷天大壯　澤天夬　水天需　水地比
坤宮八卦俱屬土

兌爲澤　澤水困　澤地萃　澤山咸　水山蹇　地山謙　雷山小過　雷澤歸妹

兌宮八卦俱屬金

六合卦八

天地否　水澤節　山火賁　雷地豫　火山旅　地雷復　地天泰　澤水困

六冲卦十

乾爲天　坎爲水　艮爲山　震爲雷　巽爲風　離爲火　坤爲地　兌爲澤　天雷无妄　雷天大壯

遊魂卦八

火地晉　地火明夷　風澤中孚　澤風大過　天水訟　水天需　山雷頤　雷山小過

歸魂卦八

火天大有　天火同人　風山漸　山風蠱　地水師　水地比　雷澤歸妹　澤雷

卜易指南（文明書局）　七

隨

陰包陽卦五

坎爲水　澤風大過　雷山小過　澤山咸　雷風恒

陽包陰卦五

離爲火　風澤中孚　山雷頤　山澤損　風雷益

爻象　上三爻爲外卦、下三爻爲內卦、由下裝上、

六爻　五爻　四爻　三爻　二爻　初爻

卦象

乾三連　一點爲單。連得三爻俱是單。爲乾卦。乾爲天。

坤六斷　兩點爲拆。連得三爻俱是拆。爲坤卦。坤爲地。

震仰盂　初爻單。二爻三爻俱是拆。爲震卦。震爲雷。

艮覆盌　初爻二爻俱是拆。三爻單。爲艮卦。艮爲山。

離中虛　初爻單。二爻拆。三爻單。爲離卦。離爲火。

坎中滿　初爻拆。二爻單。三爻拆。爲坎卦。坎爲水。

兌上缺　初爻二爻俱是單。三爻拆。爲兌卦。兌爲澤。

巽下斷　初爻拆。二爻三爻俱是單。爲巽卦。巽爲風。

六神

甲乙日	元武	白虎	螣蛇	勾陳	朱雀	青龍
丙丁日	青龍	元武	白虎	螣蛇	勾陳	朱雀
戊日	朱雀	青龍	元武	白虎	螣蛇	勾陳
己日	勾陳	朱雀	青龍	元武	白虎	螣蛇
庚辛日	螣蛇	勾陳	朱雀	青龍	元武	白虎
壬癸日	白虎	螣蛇	勾陳	朱雀	青龍	元武

六親

生我者爲父母、　尅我者爲官鬼、　我生者爲子孫、　我尅者爲妻財、　扶我者爲兄弟、

五行相生

金生水　水生木　木生火　火生土　土生金

五行相尅

金尅木　木尅土　土尅水　水尅火　火尅金

五行

寅卯屬木　巳午屬火　申酉屬金　亥子屬水　辰戌丑未屬土

旬空

甲子旬中戌亥空　甲寅旬中子丑空　甲辰旬中寅卯空

甲午旬中辰巳空　甲申旬中午未空　甲戌旬中申酉空

三合

寅午戌合火局　亥卯未合木局　巳酉丑合金局
申子辰合水局　辰戌丑未合土局
六合
子與丑合　寅與亥合　卯與戌合　辰與酉合　巳與申合　午與未合
六冲
子午相冲　丑未相冲　寅申相冲　卯酉相冲　辰戌相冲　巳亥相冲
六害
子未相穿　丑午相穿　寅巳相穿　卯辰相穿　申亥相穿　酉戌相穿
三刑
寅刑巳　巳刑申　未刑丑　丑刑戌　子刑卯　卯刑子　辰辰相刑　午午相刑
酉酉相刑　亥亥相刑
生旺墓絕

金長生在巳　旺在酉　墓在丑　絕在寅
木長生在亥　旺在卯　墓在未　絕在申
火長生在寅　旺在午　墓在戌　絕在亥
水土長生在申　旺在子　墓在辰　絕在巳

旺相休囚

正二月木爲旺　火爲相　其餘土金水俱作休囚
三月土爲旺　金爲相　木雖不旺尚有餘氣　其餘俱作休囚
四五月火爲旺　土爲相　其餘金水木俱作休囚
六月土爲旺　金爲相　火雖不旺尚有餘氣　其餘俱作休囚
七八月金爲旺　水爲相　其餘木火土俱作休囚
九月土爲旺　金爲相　其餘水木火俱作休囚
十月十一月水爲旺　木爲相　其餘火土金俱作休囚

十二月土爲旺　金爲相　水雖不旺尚有餘氣　其餘俱作休囚

驛馬

申子辰馬在寅　巳酉丑馬在亥　寅午戌馬在申　亥卯未馬在巳

貴人

甲戊庚牛羊　乙己鼠猴鄉　丙丁猪雞位　壬癸兎蛇藏　六辛逢馬虎　此是貴人方

天喜

春戌　夏丑　秋辰　冬未

月德

寅午戌月在丙　亥卯未月在甲　巳酉丑月在庚　申子辰月在壬

世爻

凡自占吉凶者。以世爻爲用神。尋地以世爻爲穴。世爻旺相。或日月動爻生扶。或應來生世合世及世動化吉化回頭生化進神者。諸占皆吉。不宜世值休囚及被日月動爻之尅。或應來沖世尅世。及世動化凶。化回頭尅化退神者。諸占皆凶。

應爻

凡代占吉凶者。以應爻爲用神。尋地以應爻爲對山。世爲自己。應爲他人。故應來生世者吉。應來尅世者凶。

父母爻

凡占父母。或祖父母。或與我父母同輩之人。及僕占主人。皆以父爻爲用神。若大旱求雨。及占家信文書章奏房屋營壘城垣。一切庇蔭我身之物。亦以父爻爲用神。父動尅子。故占子孫者忌之。

官鬼爻

凡占考試陞遷。或鬼神雷電。及妻占夫主。皆以官爻爲用神。官鬼爲憂疑尅害之神。動則傷身。故占身命者忌之。

心一堂術數古籍珍本叢刊　占筮類　一四

兄弟爻

凡占兄弟姊妹。或與我兄弟同輩之人。及占驗風雲。皆以兄爻爲用神。兄弟爲阻隔破耗之神。動則傷財。故占妻財者忌之。

妻財爻

凡占妻妾奴婢。及爲我使用之人。皆以財爻爲用神。若久雨祈晴。及一切求財之事。亦以財爻爲用神。財動尅父。故占父母者忌之。

子孫爻

凡占子孫。及家宅出行終身財福。久雨求晴。與一切防災慮患之事。皆以子孫爻爲用神。子動傷官。故占功名者忌之。

青龍爻

甲乙日占卦。青龍在初爻。青龍爲喜星。動則主吉。尋地以青龍爲左山。占病主酒色過度。若鬼與青龍同爻發動。占詞訟逢凶化吉。占出行宜戒嫖賭。

朱雀爻

丙丁日占卦。朱雀在初爻。朱雀旺動。主有口舌官非。尋地以朱雀爲前山。占病主言語顛狂。若鬼與朱雀同爻發動。占詞訟定有口舌。占出行防有官非。

勾陳爻

戊日占卦。勾陳在初爻。勾陳爲土星。動則主凶。尋地以勾陳爲山坡。占病主脹。若鬼與勾陳同爻發動。占詞訟是非日有。占出行事有勾纏。

螣蛇爻

己日占卦。螣蛇在初爻。螣蛇爲土星。動則主凶。尋地以螣蛇爲道路。占病主死。若鬼與螣蛇同爻發動。占詞訟災患相侵。占出行風波驚險。

白虎爻

庚辛日占卦。白虎在初爻。白虎爲金星。動則主有凶喪。尋地以白虎爲右山。占病主喪。若鬼與白虎同爻發動。占詞訟傷痕見血。占出行疾病纏綿。

元武爻

壬癸日占卦。元武在初爻。元武爲水星。動則主有盜賊。尋地以元武爲後脈。占病主憂。若鬼與元武同爻發動。占詞訟陰人暗害。占出行盜刼須防。

用神

不拘占何事。先看何爻爲用神。既得用神。須看旺相否。有元神動而生扶否。有忌神動而尅害否。

元神

何謂元神。生用神之爻爲元神。若元神旺相。或臨日月。及元神旺動。化回頭生者。諸占皆吉。

忌神

何謂忌神。尅用神之爻爲忌神。此爻旺動。諸占大凶。若在衰鄉。動亦無害。

仇神

何謂仇神。剋元神生忌神之爻爲仇神。剋元神則用神無生發之機。生忌神則用神有剋傷之患。故謂之仇神。

進神

寅化卯　巳化午　申化酉　亥化子　辰化未　未化戌　戌化丑　丑化辰

退神

卯化寅　午化巳　酉化申　子化亥　辰化丑　丑化戌　戌化未　未化辰

裝卦口訣

乾在內卦。子寅辰。乾在外卦。午申戌。坎在內卦。寅辰午。坎在外卦。申戌子。艮在內卦。辰午申。艮在外卦。戌子寅。震在內卦。子寅辰。震在外卦。午申戌。巽在內卦。丑亥酉。巽在外卦。未巳卯。離在內卦。卯丑亥。離在外卦。酉未巳。坤在內卦。未巳卯。坤在外卦。丑亥酉。兌在內卦。巳卯丑。兌在外卦。亥酉未。

古法

凡占卦者。先將姓名籍貫。及所卜何事。或自占或代占。逐一問明。用錢三文。向盤內擲之。看係幾個字幾個背。一背爲單。點上一點。兩背爲拆。點兩點。三背爲重。畫上一圈○。仍算一點。三字爲交。打上一乂。仍算兩點。

世應定位

乾爲天世在六　天風姤世在初　天山遯世在二　天地否世在三　風地觀世在四　山地剝世在五　火地晉世退在四　火天大有世又退在三

凡隔世爻兩位。卽是應爻。餘倣此。

八宮六十四卦全圖

乾爲天　乾宮第一卦

、世、、、應、、

戌土申金午火辰土寅木子水

父母兄弟官鬼父母妻財子孫

天風姤　乾宮第二卦

、、、應、、、、世

戌土申金午火酉金亥水丑土

父母兄弟官鬼兄弟子孫父母

天山遯 乾宮第三卦

、 、應 、 、 、、世 、、

戌土申金午火申金午火辰土

父母兄弟官鬼兄弟官鬼父母

風地觀 乾宮第五卦

、 、 、、世 、、 、、 、、應

卯木巳火未土卯木巳火未土

妻財官鬼父母妻財官鬼父母

火地晉 乾宮第七卦

、 、、 、世 、、 、、 、、應

巳火未土酉金卯木巳火未土

官鬼父母兄弟妻財官鬼父母

天地否 乾宮第四卦

、應 、 、 、、世 、、 、、

戌土申金午火卯木巳火未土

父母兄弟官鬼妻財官鬼父母

山地剝 乾宮第六卦

、 、、世 、、 、、 、、應 、、

寅木子水戌土卯木巳火未土

妻財子孫父母妻財官鬼父母

火天大有 乾宮第八卦

、應 、、 、 、 、世 、

巳火未土酉金辰土寅木子水

官鬼父母兄弟父母妻財子孫

坎為水　坎宮第一卦
、、世、、、、、應、、、
子水戌土申金午火辰土寅木
兄弟官鬼父母妻財官鬼子孫

水雷屯　坎宮第三卦
、、、應、、、、、世、
子水戌土申金辰土寅木子水
兄弟官鬼父母官鬼子孫兄弟

澤火革　坎宮第五卦
、、、、世、、、、、應
未土酉金亥水亥水丑土卯木
官鬼父母兄弟兄弟官鬼子孫

水澤節　坎宮第二卦
、、、、、應、、、、世
子水戌土申金丑土卯木巳火
兄弟官鬼父母官鬼子孫妻財

水火既濟　坎宮第四卦
、、應、、、、世、、、
子水戌土申金亥水丑土卯木
兄弟官鬼父母兄弟官鬼子孫

雷火豐　坎宮第六卦
、、、、世、、、、世、
戌土申金午火亥水丑土卯木
官鬼父母妻財兄弟官鬼子孫

地火明夷　坎宮第七卦
、、　、、　、、世　、　、、　、應
酉金亥水丑土亥水丑土卯木
父母兄弟官鬼兄弟官鬼子孫

艮爲山　艮宮第一卦
、世　、、　、、　、應　、、　、、
寅木子水戌土申金午火辰土
官鬼妻財兄弟子孫父母兄弟

山天大畜　艮宮第三卦
、　、、應　、、　、　世、
寅木子水戌土辰土寅木子水
官鬼妻財兄弟兄弟官鬼妻財

地水師　坎宮第八卦
、、應　、、　、、　、、世　、　、、
酉金亥水丑土午火辰土寅木
父母兄弟官鬼妻財官鬼子孫

山火賁　艮宮第二卦
、　、、　、、應　、　、、　、世
寅木子水戌土亥水丑土卯木
官鬼妻財兄弟妻財兄弟官鬼

山澤損　艮宮第四卦
、應　、、　、、　、、世　、　、
寅木子水戌土丑土卯木巳火
官鬼妻財兄弟兄弟官鬼父母

火澤睽　艮宮第五卦

、　、、　、世　、、　、　、應

巳火未土酉金丑土卯木巳火

父母兄弟子孫兄弟官鬼父母

天澤履　艮宮第六卦

、　、世　、　、、　、應　、

戌土申金午火丑土卯木巳火

兄弟子孫父母兄弟官鬼父母

風澤中孚　艮宮第七卦

、　、　、、世　、、　、　、應

卯木巳火未土丑土卯木巳火

官鬼父母兄弟兄弟官鬼父母

風山漸　艮宮第八卦

、應　、　、、　、世　、、　、、

卯木巳火未土申金午火辰土

官鬼父母兄弟子孫父母兄弟

震爲雷　震宮第一卦

、、世　、、　、　、、應　、、　、

戌土申金午火辰土寅木子水

妻財官鬼子孫妻財兄弟父母

雷地豫　震宮第二卦

、、　、、　、應　、、　、、　、、世

戌土申金午火卯木巳火未土

妻財官鬼子孫兄弟子孫妻財

雷水解　震宮第三卦

、、　、、應　、　、、　、世　、、

戌土申金午火午火辰土寅木

妻財官鬼子孫子孫妻財兄弟

地風升　震宮第五卦

、、　、、　、、世　、　、　、、應

酉金亥水丑土酉金亥水丑土

官鬼父母妻財官鬼父母妻財

澤風大過　震宮第七卦

、、　、　、世　、　、　、、應

未土酉金亥水酉金亥水丑土

妻財官鬼父母官鬼父母妻財

雷風恒　震宮第四卦

、、應　、、　、　、世　、　、、

戌土申金午火酉金亥水丑土

妻財官鬼子孫官鬼父母妻財

水風井　震宮第六卦

、、　、世　、、　、　、應　、、

子水戌土申金酉金亥水丑土

父母妻財官鬼官鬼父母妻財

澤雷隨　震宮第八卦

、、應　、　、　、、世　、、　、

未土酉金亥水辰土寅木子水

妻財官鬼父母妻財兄弟父母

心一堂術數古籍珍本叢刊　占筮類

巽爲風　巽宮第一卦
、世、、、、應、、、
卯木巳火未土酉金亥水丑土
兄弟子孫妻財官鬼父母妻財

風火家人　巽宮第三卦
、、應、、、、、世、
卯木巳火未土亥水丑土卯木
兄弟子孫妻財父母妻財兄弟

天雷无妄　巽宮第五卦
、、、世、、、、、應
戌土申金午火辰土寅木子水
妻財官鬼子孫妻財兄弟父母

風天小畜　巽宮第二卦
、、、、應、、、世
卯木巳火未土辰土寅木子水
兄弟子孫妻財妻財兄弟父母

風雷益　巽宮第四卦
、應、、、、、世、、、、
卯木巳火未土辰土寅木子水
兄弟子孫妻財妻財兄弟父母

火雷噬嗑　巽宮第六卦
、、、世、、、、、應、
巳火未土酉金辰土寅木子水
子孫妻財官鬼妻財兄弟父母

山雷頤　巽宮第七卦
、 、、 、、世 、、 、、 、應
寅木子水戌土辰土寅木子水
兄弟父母妻財妻財兄弟父母

離爲火　離宮第一卦
、世 、、 、 、應 、、 、
巳火未土酉金亥水丑土卯木
兄弟子孫妻財官鬼子孫父母

火風鼎　離宮第三卦
、 、、應 、 、 、世 、、
巳火未土酉金酉金亥水丑土
兄弟子孫妻財妻財官鬼子孫

山風蠱　巽宮第八卦
、應 、、 、、 、世 、 、、
寅木子水戌土酉金亥水丑土
兄弟父母妻財官鬼父母妻財

火山旅　離宮第二卦
、 、、 、應 、 、、 、、世
巳火未土酉金申金午火辰土
兄弟子孫妻財妻財兄弟子孫

火水未濟　離宮第四卦
、應 、、 、 、、世 、 、、
巳火未土酉金午火辰土寅木
兄弟子孫妻財兄弟子孫父母

山水蒙　離宮第五卦
、 、、 、、世 、、 、 、、應
寅木子水戌土午火辰土寅木
父母官鬼子孫兄弟子孫父母

風水渙　離宮第六卦
、 、世 、、 、、 、應 、、
卯木巳火未土午火辰土寅木
父母兄弟子孫兄弟子孫父母

天水訟　離宮第七卦
、 、 、世 、、 、 、、應
戌土申金午火午火辰土寅木
子孫妻財兄弟兄弟子孫父母

天火同人　離宮第八卦
、應 、 、 、世 、、 、
戌土申金午火亥水丑土卯木
子孫妻財兄弟官鬼子孫父母

坤爲地　坤宮第一卦
、、世 、、 、、 、、應 、、 、、
酉金亥水丑土卯木巳火未土
子孫妻財兄弟官鬼父母兄弟

地雷復　坤宮第二卦
、、 、、 、、應 、、 、、 、世
酉金亥水丑土辰土寅木子水
子孫妻財兄弟兄弟官鬼妻財

地澤臨　坤宮第三卦

、、 、、應 、、 、、 、世 、

酉金亥水丑土丑土卯木巳火

子孫妻財兄弟兄弟官鬼父母

雷天大壯　坤宮第五卦

、、 、、 、世 、 、 、應

戌土申金午火辰土寅木子水

兄弟子孫父母兄弟官鬼妻財

水天需　坤宮第七卦

、、 、 、、世 、 、 、應

子水戌土申金辰土寅木子水

妻財兄弟子孫兄弟官鬼妻財

地天泰　坤宮第四卦

、、應 、、 、、 、世 、 、

酉金亥水丑土辰土寅木子水

子孫妻財兄弟兄弟官鬼妻財

澤天夬　坤宮第六卦

、、 、世 、 、 、應 、

未土酉金亥水辰土寅木子水

兄弟子孫妻財兄弟官鬼妻財

水地比　坤宮第八卦

、、 、應 、、 、、世 、、 、、

子水戌土申金卯木巳火未土

妻財兄弟子孫官鬼父母兄弟

兌為澤　兌宮第一卦

〃世、、〃應、、

未土酉金亥水丑土卯木巳火

父母兄弟子孫父母妻財官鬼

澤地萃　兌宮第三卦

〃、應、〃〃世〃

未土酉金亥水卯木巳火未土

父母兄弟子孫妻財官鬼父母

水山蹇　兌宮第五卦

〃、〃世、〃〃應

子水戌土申金申金午火辰土

子孫父母兄弟兄弟官鬼父母

澤水困　兌宮第二卦

〃、、應〃、〃世

未土酉金亥水午火辰土寅木

父母兄弟子孫官鬼父母妻財

澤山咸　兌宮第四卦

〃應、、、世〃〃

未土酉金亥水申金午火辰土

父母兄弟子孫兄弟官鬼父母

地山謙　兌宮第六卦

〃〃世〃、〃應〃

酉金亥水丑土申金午火辰土

兄弟子孫父母兄弟官鬼父母

雷山小過　兌宮第七卦

丶丶 丶丶 丶世 丶 丶丶 丶丶應

戌土申金午火申金午火辰土

父母兄弟官鬼兄弟官鬼父母

雷澤歸妹　兌宮第八卦

丶丶應 丶丶 丶 丶丶世 丶 丶

戌土申金午火丑土卯木巳火

父母兄弟官鬼父母妻財官鬼

卜易指南卷一終

卜易指南卷二

賽君平孝宜氏著

卯月辛丑日占本日

陰晴得風天小畜變

水澤節卦

本卦辰土財爻雖動而化退。然財臨日建。定主大晴。惟卯木兄爻動化子水回頭之生。卯時防起大風。卯與戌合。戌時合住兄爻。風當息矣。果見天氣晴明。自朝至暮東風大作。戌時大風頓息。星斗滿天。

。 、 、、應。 、 、世

卯木兄弟 巳火 未土 辰土妻財 寅木 子水

子水父母 子孫 妻財 丑土妻財 兄弟 父母

卯月壬寅日占本日

陰晴得雷天大壯變

地天泰卦

、、 、、 。世 、 、 、應

戌土 申金 午火父母 辰土 寅木 子水

兄弟 子孫 丑土兄弟 兄弟 官鬼 妻財

卦中午火父爻動而化丑。午時必起大風。惟日辰沖動申金子孫暗動。定主大晴。果見一天晴日萬里無雲。午時忽起大風。至夜未息。

亥月癸亥日某府經
占內眷北來何日抵
署得坤爲地卦

、、世　、、　、、　、、應　、、　、、
酉金　亥水　丑土　卯木　巳火　未土
子孫　妻財　兄弟　官鬼　父母　兄弟

府經素知易理。自謂財臨日建。亥日必到。余曰。卦中亥水財爻旺臨日月。用神當令出現太多。亥日如何能到。蓋財太旺者。必待墓庫之日。以收藏水墓在辰。月之二十四日戊辰財爻入墓。定許見面。後悉府經內眷。竟於戊辰日到署。益信逢旺看墓之說。眞是千古名言。

子月己卯日某孝廉
占擇婿得澤雷隨變
澤水困卦

、、應　、　、　、、世　X　。
未土　酉金　亥水　辰土　寅木兄弟　子水父母
妻財　官鬼　父母　妻財　辰土妻財　寅木兄弟

心一堂術數古籍珍本叢刊　占筮類　三二

凡占婚姻。如女家占男。以官爻爲用神。以應爻爲男家。俱要生扶旺相。不宜破墓絕空。今卦中酉金。既値旬空日破。應爻未土復與子月相穿。門第新郎一無可取。此婚決不能成。聞後以新郎不品不端。爲女家所拒。竟未成婚。

子月戊寅日占保舉得天火同人變離爲火卦

、應。　戌土　申金妻財
、　　　午火
、世　　亥水　未土子孫
、、　　丑土　兄弟
、　　　卯木

子孫　兄弟　官鬼　子孫　父母

亥水官爻持世。申金元神動而生之。必是現任之官。並有官上加官之象。若問保案。其事可成。所謂旺官持世。財動相生。定主陞遷之兆是也。彼曰。成在何時。余曰。靜則看沖卦中亥水官爻。彼寅日合住。又靜而不動。必待沖開之年月方成。明年乙巳。正沖亥水。定有好音。

寅月丙申日占本日陰晴得雷風恒變澤

、、應X　戌土　申金官鬼
、、　　午火
、　　　酉金
、世　　亥水
、、　　丑土

風大過卦

妻財　酉金官鬼　子孫官鬼父母妻財

申金鬼臨日建。又化進神。定主狂風累日。申時濃雲四合。並有惡風晦暗之象。果見狂風竟日。申時雲霧迷天。入夜星月無光。風仍未息。

寅月丁酉日占本日

、、應　、　、、　╳世　、、　、、

陰晴得水地比變水

子水戌土申金　卯木官鬼　巳火未土

山蹇卦

妻財兄弟子孫　申金子孫　父母兄弟

卯木鬼爻發動。酉日沖之。卯時滿天雲霧。必起大風。但鬼動化孫。申時尅制鬼爻。雲開日出。風亦息矣。果見陰雲竟日。風聲怒號。申時雲開見日。一片青天。

寅月戊戌日占本日

。　、　、　世、、　、　、、應

陰晴得天水訟變澤

戌土子孫　申金午火午火辰土寅木

水困卦

未土子孫　妻財兄弟兄弟子孫父母

戌土子孫旺臨日建。定主大晴。但子動化退。未時防有微雲掩日。申時雲開日出。仍主晴明。果見一日大晴。未時略有微雲。入夜星月交輝。碧天如洗。

丑月乙巳日某直刺

占借銀得澤山咸卦

、、應　、　、　、世　、、　、、

未土　酉金　亥水　申金　午火　辰土

父母　兄弟　子孫　兄弟　官鬼　父母

凡占借貸財爲用神。若遇財爻持世。子動相生。或財臨日月。此財必得。本卦兄爻持世。兄弟爲阻隔破耗之神。兄若持世。便如緣木求魚。況用神則伏而逢空。元神則日沖月尅。財既空伏。又絕生機。如何能成。後果竟如所言。

亥月癸酉日父占子

過海可平安否得風地觀變水地比卦

。　、　、、世　、、　、、應

卯木妻財　巳火　未土　卯木　巳火　未土

子水子孫　官鬼　父母　妻財　官鬼　父母

凡占渡江過海。及父占子。皆以子孫爻爲用神。本卦子水子孫旺臨月建。此次過海回南。定主風恬浪靜。一路平安。明日甲戌動爻逢合。必有信來。次日早起果接滬寓來函。

內言自津至滬。駛行海面。頗極不穩。餘亦盡如所言。

亥月丁卯日占咨文
何日可到得地火明
夷變澤火革卦

ヽヽ　X　X世　ヽ　ヽヽ　ヽ應
酉金　亥水兄弟　丑土官鬼　亥水丑土卯木
父母　酉金父母　亥水兄弟　兄弟官鬼子孫

凡占公文信件。皆以父爻爲用神。靜則看沖。動則看合。千古不易之理也。卦中酉金。卯日沖之。名爲用神暗動。明日戊辰動爻逢合。咨文必到。果於戊辰日接奉咨文。可見卦之應驗。全在用神。學者能於逢靜。看沖。逢動。看合。逢旺。看墓。逢衰。看旺。四語玩索深求。果有心得。雖登營幹之堂。入君平之室。不外是已。

酉月戊戌日某主事
占胎孕男女得巽爲
風變風火家人卦

ヽ世　ヽ　ヽヽ　ヽ　ヽ應　X
卯木巳火未土酉金　亥水父母　丑土妻財
兄弟子孫妻財官鬼　丑土妻財　卯木兄弟

凡占胎孕。不論親占代占。皆以子孫爻爲用神。值陽爲男。值陰爲女。卦中巳火子孫。其

心一堂術數古籍珍本叢刊　占筮類　三六

象從陰。且於卦爲巽。巽爲長女。必是女胎。彼曰。生於何日。余曰子孫爻在巳。必應巳日。

果於月之二十九日乙巳。生一女孩。

亥月甲寅日某鎭軍占開復後卽日稟求督憲代奏謝恩是否可行得地風升卦

、、 、、世 、 、 、、應
酉金 亥水 丑土 酉金 亥水 丑土
官鬼 父母 妻財 官鬼 父母 妻財

卦得伏吟。全是憂鬱吟呻之象。豈能望其代奏。却未敢便斷。因請再占一卦。

得山雷頤變山澤損卦

、 、、 、、世 、、 ╳ 、應
寅木 子水 戌土 辰土 寅木兄弟 子水
兄弟 父母 妻財 妻財 卯木兄弟 父母

卦中子水文書。亥月扶之。旺相極矣。然用神。旺者。必待墓庫之日。以收藏。水墓在辰。子月辰日。一准出奏。後奉督憲行知。果於十一月十八日壬辰。附片入奏。應驗如神。

卯月庚子日占本日

。應、、 、 、世、 、

陰晴得火天大有變
雷天大壯卦

巳火官鬼　未土　酉金　辰土　寅木　子水
戌土父母　父母　兄弟　父母　妻財　子孫

卦中子水孫爻旺臨日建。定主大晴。巳火鬼爻雖動。却逢日尅旬空。亦是霧散雲消之象。果見一日暢晴。入夜星斗高懸。微風不動。

卯月癸卯日占本日

〃應　╳　、　〃世　、　、

陰晴得雷澤歸妹變
兌爲澤卦

戌土　申金兄弟　午火　丑土　卯木　巳火
父母　酉金兄弟　官鬼　父母　妻財　官鬼

卦中卯木財爻旺臨日月。應主晴明。不合申金兄爻動化進神。兄動主風。定是狂風累日。雲霧迷天。果見陰雲竟日。風聲怒號。入夜風息雲開。明星萬點。

卯月甲辰日占本日

〃　╳　、世　、　、　、應

陰晴得雷天大壯變
澤天夬卦

戌土　申金子孫　午火　辰土　寅木　子水
兄弟　酉金子孫　父母　兄弟　官鬼　妻財

心一堂術數古籍珍本叢刊　占筮類　三八

卦中申金子孫。動而化進。辰日生之子孫爲日月星斗。動則萬里晴光。應主大晴。果見晴明竟日。天氣温和。入夜滿天星斗。萬里無雲。

卯月乙巳日占本日陰晴得山雷頤變離爲火卦

、、
、、
╳世╳
、、
、應

寅木子水
戌土妻財
辰土妻財
寅木子水

兄弟父母
酉金官鬼
亥水父母
兄弟父母

卦中辰戌財爻動而變鬼變父。大有雲霧迷天。日色掩藏之象。果見陰雲竟日。不見陽光。入夜天色晦暗。頗有雪意。

卯月丙午日占本日陰晴得乾爲天變風天小畜卦

、世、
。
、應、
、

戌土申金
午火官鬼
辰土寅木子水

父母兄弟
未土父母
父母妻財子孫

午火鬼爻發動。變出未土化回頭合。是變陰雨而爲晴明也。本日雲開日出。天氣暢晴。果見一天晴日萬里無雲。

卜易指南（文明書局）　三九

卯月丁未日占本日

陰晴得火地晉卦

、　、、　、世　、、　、、　、、應

巳火未土酉金卯木巳火未土

官鬼父母兄弟妻財官鬼父母

卦中未土父爻。旺臨日建。父母主雨雪雹霜。未時有天地閉塞。日月掩藏之象。酉時兄爻暗動。防有大風。果見大風竟日。未時雲霧迷天。忽飄瑞雪。

卯月戊申日占本日

陰晴得天地否變山地剝卦

、應。　。　、、世　、、　、、

戌土　申金 兄弟　午火 官鬼　卯木巳火未土

父母　子水 子孫　戌土 父母　妻財官鬼父母

卦中官鬼兄爻同時發動。兄動則風雲變色。鬼動則黑霧迷天。主竟日陰雲。必非晴明之象。果見雪花飛舞。天氣大寒。入夜雪止。仍是雲霧迷天。

卯月己酉日占本日

陰晴得雷山小過卦

、、　、、　、世　、　、　、、應

戌土申金午火申金午火辰土

父母兄弟官鬼兄弟官鬼父母

卦中辰戌父爻被日月合住。雖有陰雲。却是再無雪意。惟申金兄爻旺於酉日申時必有大風。果見陰雲竟日。非雨非晴。申時忽起大風。一夜不息。

戌月辛卯日某鎮軍

占防患得天澤履變

山水蒙卦

、	戌土兄弟	
。	申金子孫	子水妻財
世。	午火父母	戌土兄弟
、、	丑土兄弟	
、	卯木官鬼	
應。	巳火父母	寅木官鬼

凡占防災慮患。一切憂疑驚恐之事。但得子孫持世。及子孫動於卦中。便可無憂。本卦火動尅金。看似世爻受制。但火臨戌月。火已入墓。不能再尅旺相之金。目下官臨日建。雖未稱心。一交霜降。忌神入墓。便不足憂。後果竟如所言。

戌月丁酉日某統領

占防患得山天大畜

變乾爲天卦

、	寅木官鬼	
✕應	子水妻財	申金子孫
✕	戌土兄弟	午火父母
、	辰土兄弟	
、世	寅木官鬼	
、	子水妻財	

心一堂術數古籍珍本叢刊 占筮類 四二

卦中子水應爻發動。月建尅之。戌土動爻又尅之。應動逢尅。必無後患。況卦變六沖。應動生世。事已沖散。安能成訟。後竟平安無事。

戌月辛丑日某統領

占防患得澤天夬變

巽爲風卦

ㄨ　、世。　、　、應。

未土兄弟　酉金　亥水妻財　辰土　寅木　子水妻財

卯木官鬼　子孫　未土兄弟　兄弟　官鬼　丑土兄弟

本卦酉金子孫持世。月建日辰生之。子孫旺相極矣。然逢旺看墓。金墓在丑。今日辛丑用神入墓。當有人出爲調停。可以永無後患。言未畢忽有某登門謁見代爲謝過。

午月戊子日占買屋

、、應　、　ㄨ　、、世　ㄨ　、、

何日能成得水地比

子水　戌土　申金子孫　卯木　巳火父母　未土

變澤水困卦

妻財　兄弟　亥水妻財　官鬼　辰土兄弟　兄弟

卦中巳火父爻旺動。午月扶之。月內定可成事。彼曰。成於何日。余曰占買屋父爻爲用神。以其能庇覊我身也。動則看合。今日戊子。但看十八日丙申。用神逢合。一定成事。果於月之丙申日戌契發字兌付産價悉如所言。

酉月己未日某千總占妻　　　　、、、世✕〃、應
宮現在有無胎孕得天雷　　　　戌土申金午火辰土寅木子水（妻財）
旡妄變天火同人卦　　　　　　妻財官鬼子孫（父母亥水）兄弟父母
卦中午火子孫衰於未日死於酉月子星衰弱極矣況卦遇六沖午火子孫已被初爻子水沖破而動爻辰土又化忌神安得有孕後果竟如所言。

亥月乙卯日某千總　　　　　　〃〃、世、、、應
占破碗主何吉凶得　　　　　　戌土申金午火辰土寅木子水
雷天大壯卦　　　　　　　　　兄弟子孫父母兄弟官鬼妻財
卦占大壯又得六沖大有擲地金聲之象其破碗也宜矣今日鬼臨日建心中未免煩憂明日丙辰鬼入衰鄉煩憂頓釋果至次日心定神安後亦別無他患。

亥月乙卯日某軍門占明年　　　〃✕〃世、✕、應

三月搬家途中可平安否得
地火明夷變水天需卦

酉金　兄弟亥水　丑土　官鬼丑土　卯木
父母　官鬼戌土　官鬼　兄弟　子孫寅木　子孫

卦中官鬼弟兄兩爻並動。兄動則事多阻隔。鬼動則事有憂疑。既阻且疑。如何能成。明年三月。恐因他事阻隔。未必能搬。後因某公子三人。均須入都引見。無人料理此事。故作罷論。

酉月己酉日某鎮軍占
開復何日能成得水澤
節變澤天夬卦

‥　、　✕應　✕　、　、世
子水　戌土　父母申金　官鬼丑土　卯木　巳火
兄弟　官鬼　兄弟亥水　官鬼辰土　子孫　妻財

卦中父母官爻同時發動。官動則陞遷有日。父動則開復有期。彼曰成在何時。余曰今年太歲在辰亥月一准開復。果於亥月開復原官。應辰年亥月者。以卦中官父兩爻變出辰土亥水故也。

戌月丙申日某鎮軍占開復並章

‥　、　‥世　、　○　、應

心一堂術數古籍珍本叢刊　占筮類　四四

奏巳否拜發及到京暨批回日期

得水天需變水火旣濟卦

子水　戌土　申金　辰土　寅木官鬼　子水
妻財　兄弟　子孫　兄弟　丑土兄弟　妻財

卦中寅木官星一爻獨發。又動而變丑。申日馬在寅。卦中驛馬發動。摺差業已在途。但看二十六辛丑章奏定可到京。二十七壬寅原摺一准批回。占開復官爲用神。官爻獨發。定主開復原官。後見二十六日辛丑。摺差由綏赴都。道經上谷。得見原摺底稿。並限期二十七日壬寅到京。直至十月初十甲寅。接到東口來函。始知原摺業已批准。可見獨發之爻奇驗無比。其得信在丑寅者。以卦中寅動變丑故也。

戌月己卯日某鎭軍占擬再託某友函懇某當道奏請開復得澤天夬變火地晉卦

╳。世　、　。　。應　。

未土兄弟　酉金子孫　亥水　辰土兄弟　寅木官鬼　子水妻財
巳火父母　未土兄弟　妻財　卯木官鬼　巳火父母　未土兄弟

爻之取用獨發。前卦言之詳矣。若一爻獨靜。豈不更有奇驗。本卦官臨日建亥水妻財一爻獨靜。明明告我以亥月開復矣。又何必再託他人。果於亥月開復原官。

寅月壬午日占本日
陰晴得澤地萃變澤
水困卦

、、　、應　、　、、　╳世　、、
未土　酉金　亥水　卯木　巳火官鬼　未土
父母　兄弟　子孫　妻財　辰土父母　父母

卦中卯木妻財。寅月扶之。上午天氣晴明。惟鬼動爻中。恐巳午未三時。大有滿天雲霧。日色掩藏之意。果見早晨天氣暢晴。自巳至未。陰雲四合。不見陽光。

寅月癸未日占本日
陰晴得雷水解卦

、、　、、應　、　、、　、世　、、
戌土　申金　午火　午火　辰土　寅木
妻財　官鬼　子孫　子孫　妻財　兄弟

卦中午火子孫。寅月生之。未日合之。定主大晴。果見一天晴日。萬里無雲。

寅月甲申日占本日
陰晴得風山漸變山
天大畜卦

、應。　、、　、世　╳　╳
卯木　巳火父母　未土　申金　午火父母　辰土兄弟
官鬼　子水妻財　兄弟　子孫　寅木官鬼　子水妻財

卦中申金子孫。旺臨日建。定主大晴。惟辰土兄動爻中。復長生於申日。更主有風。果見狂風累日。然天氣晴朗。四望無雲。入夜星月皎潔。一片青天。

寅月乙酉日占本日

陰晴得火水未濟變

澤地萃卦

。應 X 、 ‥ 世。 ‥

兄弟巳火　子孫未土　酉金　午火　子孫辰土　寅木

子孫未土　兄弟酉金　妻財　兄弟巳火　父母

本卦財臨日建。又得子孫動於爻中。定主大晴。惟巳火兄爻發動。申時兄動逢合。防有大風。果見一日暢晴。申時狂風大作。至夜未息。

寅月丙戌日占本日

陰晴得兌爲澤變澤

風大過卦

‥世、、X應、。

未土　酉金　亥水　父母丑土　卯木　官鬼巳火

父母　兄弟　子孫　兄弟酉金　妻財　父母丑土

卦中卯木妻財。寅月扶之。戌日合之。應主晴明。果見一日大晴。

寅月丁亥日占本日

、 ‥應‥ 。 、世。

陰晴得山天大畜變
山水蒙卦

寅木　子水　戌土　兄弟辰土　寅木　妻財子水
官鬼　妻財　兄弟　父母午火　官鬼　官鬼寅木

卦中子水財爻發動。亥日扶之。定主大晴。果見一日大晴。入夜星月交輝。碧天如洗。

寅日戊子日占本日

、　、世　、　X　、應　、

陰晴得天澤履變乾
爲天卦

戌土　申金　午火　兄弟丑土　卯木　巳火
兄弟　子孫　父母　兄弟辰土　官鬼　父母

卦中申金子孫持世。丑土兄爻動而生之。定主晴明。果見風和日麗。天氣大晴。

寅月己丑日占本日

、、　、、應　、、　、、　、世　X

陰晴得雷水解變雷
澤歸妹卦

戌土　申金　午火　午火　辰土　兄弟寅木
妻財　官鬼　子孫　子孫　妻財　子孫巳火

本卦財臨日建。動爻寅木又化子孫。定主一日大晴。果見竟日晴明。入夜風清月白。萬里無雲。

心一堂術數古籍珍本叢刊　占筮類　四八

寅月庚寅日占本日
陰晴得風澤中孚變
火澤暌卦

、 。 乂世 丶丶 、 、應

卯木 父母兄弟 巳火未土 丑土卯木巳火

官鬼 兄弟子孫 未土酉金 兄弟官鬼父母

本卦鬼臨日建。父母兄弟動於爻中。兄動主狂風大作。父動主雲霧迷天。恐非晴明之象。果見上午天氣晴朗。巳時陰雲四合。未時忽起大風。至夜未息。

寅月辛卯日占本日
陰晴得山地剝變地
山謙卦

。 丶丶世 丶丶 乂 丶丶應 丶丶

寅木妻財 子水戌土 卯木妻財 巳火未土

酉金兄弟 子孫父母 申金兄弟 官鬼父母

卦中財臨日月。兩爻俱動。應主大晴。惟財動變兄。定主狂風累日。果見天氣晴明。午後狂風大作。一夜不息。

寅月壬辰日占本日
陰晴得雷地豫變雷

丶丶 丶丶 、應 乂 丶丶 丶丶世

戌土申金午火 卯木兄弟 巳火未土

山小過卦　妻財官鬼子孫申金官鬼子孫妻財

卦中財臨日建卯木兄爻動而化回頭之尅。天氣定主晴明。卯時雖有微風。頃刻即止。果見一日暢晴。入夜皓月當空。無雲點綴。

寅月癸巳日占本日　〃ㄨ世 、 。 〃應 、

陰晴得雷火豐變澤　戌土申金父母午火亥水兄弟丑土卯木

雷隨卦　官鬼酉金父母妻財辰土官鬼官鬼子孫

卦中財臨日建。寅月生之。主晴。惟父母兄弟動於爻中。申時主雲霧迷天。亥時主狂風大作。果見上午天氣晴明。申時雲翻風動。日暗無光。頗有雪意。

寅月丙子日占父病　〃 、應 〃 〃 〃世 、

得水雷屯卦　子水戌土申金辰土寅木子水

兄弟官鬼父母官鬼子孫兄弟

卦中申金父爻。寅月沖之。巳年尅之。父值旬空月破。必不久於人世。請君速歸料理後

事。不可遲延。後竟不出旬日。果然去世。

寅月乙亥日占母病

得水地比變地火明夷卦

〃應。	子水	妻財
〃	戌土兄弟	亥水妻財
╳世	申金	子孫
	卯木官鬼	亥水妻財
〃	巳火	父母
╳	未土兄弟	卯木官鬼

卦中巳火父母。寅月刑之。亥日尅之。必無生理。况內卦木鬼旺動。此宅常有縊鬼出現。不可久居。二月建卯。驚蟄以後。母當去世。後竟果如所言。

卜易指南卷二終

中華民國十四年十一月出版
中華民國十四年十一月發行

卜易指南（全一冊）占

每部定價洋一角

校勘者　江甯秦慎安
發行者　文明書局
印刷者　文明書局
發行所　上海南京路 文明書局
發行所　上海棋盤街 中華書局

此書有著作權翻印必究

分售處

中華書局

北京 天津 張家口 保定 石家莊 濟南 太原 開封 西安 成都
重慶 長沙 常德 衡州 漢口 武昌 沙市 南昌 九江 安慶
蕪湖 南京 杭州 福州 廈門 廣州 汕頭 潮州 雲南 奉天
吉林 煙台 鄭州 青島 東昌 徐州 蘭州 貴陽 長春 新嘉坡

占筮類			
1	擲地金聲搜精秘訣	心一堂編	沈氏研易樓藏稀見易占秘鈔本
2	卜易拆字秘傳百日通	心一堂編	
3	易占陽宅六十四卦秘斷	心一堂編	火珠林占陽宅風水秘鈔本
星命類			
4	斗數宣微	【民國】王裁珊	民初最重要斗數著述之一；未刪改本
5	斗數觀測錄	【民國】王裁珊	失傳民初斗數重要著作
6	《地星會源》《斗數綱要》合刊	心一堂編	失傳的第三種飛星斗數
7	《斗數秘鈔》《紫微斗數之捷徑》合刊	心一堂編	珍稀「紫微斗數」舊鈔
8	斗數演例	心一堂編	秘本
9	紫微斗數全書（清初刻原本）	題【宋】陳希夷	斗數全書本來面目；有別於錯誤極多的坊本
10-12	鐵板神數（清刻足本）——附秘鈔密碼表	題【宋】邵雍	無錯漏原版 秘鈔密碼表 首次公開！
13-15	蠢子數纏度	題【宋】邵雍	蠢子數連密碼表 打破數百年秘傳 首次公開！
16-19	皇極數	題【宋】邵雍	清鈔孤本附起例及完整密碼表 研究神數必讀！
20-21	邵夫子先天神數	題【宋】邵雍	附手鈔密碼表 研究神數必讀！
22	八刻分經定數（密碼表）	題【宋】邵雍	皇極數另一版本；附手鈔密碼表
23	新命理探原	【民國】袁樹珊	子平命理必讀教科書！
24-25	袁氏命譜	【民國】袁樹珊	
26	韋氏命學講義	【民國】韋千里	民初二大命理家南袁北韋
27	千里命稿	【民國】韋千里	
28	精選命理約言	【民國】韋千里	北韋之命理經典
29	滴天髓闡微——附李雨田命理初學捷徑	【民國】袁樹珊、李雨田	命理經典未刪改足本
30	段氏白話命學綱要	【民國】段方	民初命理經典最淺白易懂
31	命理用神精華	【民國】王心田	學命理者之寶鏡

32	命學採驪集	【民國】張巢雲	發前人所未發 稀見民初子平命理著作
33	澹園命談	【民國】高澹園	
34	算命一讀通——鴻福齊天	【民國】不空居士、覺先居士合纂	
35	子平玄理	【民國】施惕君	
36	星命風水秘傳百日通	心一堂編	
37	命理大四字金前定	題【晉】鬼谷子王詡	源自元代算命術
38	命理斷語義理源深	心一堂編	稀見清代批命斷語及活套
39-40	文武星案	【明】陸位	失傳四百年《張果星宗》姊妹篇　千多星盤命例　研究命學必備
相術類			
41	新相人學講義	【民國】楊叔和	失傳民初白話文相術書
42	手相學淺說	【民國】黃龍	民初中西結合手相學經典
43	大清相法	心一堂編	重現失傳經典相書
44	相法易知	心一堂編	
45	相法秘傳百日通	心一堂編	
堪輿類			
46	靈城精義箋	【清】沈竹礽	沈氏玄空遺珍 玄空風水必讀
47	地理辨正抉要	【清】沈竹礽	
48	《玄空古義四種通釋》《地理疑義答問》合刊	沈瓞民	
49	《沈氏玄空吹虀室雜存》《玄空捷訣》合刊	【民國】申聽禪	
50	漢鏡齋堪輿小識	【民國】查國珍、沈瓞民	
51	堪輿一覽	【清】孫竹田	失傳已久的無常派玄空經典
52	章仲山挨星秘訣（修定版）	【清】章仲山	章仲山無常派玄空珍秘 門內秘本首次公開 沈竹礽等大師尋覓一生 末得之珍本！
53	臨穴指南	【清】章仲山	
54	章仲山宅案附無常派玄空秘要	心一堂編	
55	地理辨正補	【清】朱小鶴	玄空六派蘇州派代表作
56	陽宅覺元氏新書	【清】元祝垚	簡易・有效・神驗之玄空陽宅法
57	地學鐵骨秘　附　吳師青藏命理大易數	【民國】吳師青	釋玄空廣東派地學之秘
58-61	四秘全書十二種（清刻原本）	【清】尹一勺	玄空湘楚派經典本來面目 有別於錯誤極多的坊本

91	地學形勢摘要	心一堂編	形家秘鈔珍本
92	《平洋地理入門》《巒頭圖解》合刊	【清】盧崇台	平洋水法、形家秘本
93	《鑒水極玄經》《秘授水法》合刊	【唐】司馬頭陀、【清】鮑湘襟	千古之秘，不可妄傳匪人
94	平洋地理闡秘	心一堂編	雲間三元平洋形法秘鈔珍本
95	地經圖說	【清】余九皋	形勢理氣、精繪圖文
96	司馬頭陀地鉗	【唐】司馬頭陀	流傳極稀《地鉗》
97	欽天監地理醒世切要辨論	【清】欽天監	公開清代皇室御用風水真本
三式類			
98－99	大六壬尋源二種	【清】張純照	六壬入門、占課指南
100	六壬教科六壬鑰	【民國】蔣問天	由淺入深，首尾悉備
101	壬課總訣	心一堂編	過去術家不外傳的珍稀六壬術秘鈔本
102	六壬秘斷	心一堂編	
103	大六壬類闡	心一堂編	
104	六壬秘笈——韋千里占卜講義	【民國】韋千里	六壬入門必備
105	壬學述古	【民國】曹仁麟	依法占之，「無不神驗」
106	奇門揭要	心一堂編	集「法奇門」、「術奇門」精要
107	奇門行軍要略	【清】劉文瀾	條理清晰、簡明易用
108	奇門大宗直旨	劉毗	天下孤本　首次公開
109	奇門三奇干支神應	馮繼明	虛白廬藏本《秘藏遁甲天機》
110	奇門仙機	題【漢】張子房	奇門不傳之秘　應驗如神
111	奇門心法秘纂	題【漢】韓信（淮陰侯）	
112	奇門廬中闡秘	題【三國】諸葛武侯註	
選擇類			
113－114	儀度六壬選日要訣	【清】張九儀	清初三合風水名家張九儀擇日秘傳
115	天元選擇辨正	【清】一園主人	釋蔣大鴻天元選擇法
其他類			
116	述卜筮星相學	【民國】袁樹珊	民初二大命理家南袁北韋
117－120	中國歷代卜人傳	【民國】袁樹珊	南袁之術數經典